Buda Shakyamuni

Las instrucciones orales del Mahamudra

Otros libros en español de Gueshe Kelsang Gyatso

Budismo moderno
Caminos y planos tántricos
Cómo comprender la mente
Cómo solucionar nuestros problemas humanos
Compasión universal
El camino gozoso de buena fortuna
El voto del Bodhisatva
Esencia del vajrayana
Gema del corazón
Gran tesoro de méritos
Introducción al budismo
Mahamudra del tantra
Nueva guía del Paraíso de las Dakinis
Nuevo corazón de la sabiduría
Nuevo manual de meditación
Ocho pasos hacia la felicidad
Tesoro de contemplación
Transforma tu vida
Una vida con significado, una muerte gozosa

Guía de las obras del Bodhisatva, de Shantideva, traducido del tibetano al inglés por Neil Elliot bajo la guía de Gueshe Kelsang Gyatso.

Este libro se ha publicado bajo los auspicios del Proyecto Internacional de Templos de la NKT–IKBU y los beneficios de su venta se destinan a dicho proyecto. La NKT–IKBU es una organización budista sin ánimo de lucro dedicada a fomentar la paz en el mundo, registrada en Inglaterra con el número 1015054. Para más información:
www.tharpa.com/mx

Venerable Gueshe Kelsang
Gyatso Rimpoché

Las instrucciones orales del Mahamudra

LA ESENCIA MISMA DE LAS ENSEÑANZAS
DE BUDA SOBRE EL SUTRA Y EL TANTRA

Editorial Tharpa
ESPAÑA · MÉXICO · ARGENTINA
REINO UNIDO · EE. UU.

Título original: *The Oral Instructions of Mahamudra*
Editado por primera vez en inglés en el año 2015.
Segunda edición 2016.

Tharpa tiene oficinas en varios países del mundo.
Los libros de Tharpa se publican en numerosas lenguas.
Para más detalles véase la página 309.

Edita:
Editorial Tharpa México
Enrique Rébsamen No. 406
Col. Narvarte Poniente
Ciudad de México
C.P. 03020
Tel: +52(55) 5639-6180
+52(55) 5639-6186
Email: info.mx@tharpa.com
Sitio web: www.tharpa.com/mx/

Traducción: Departamento de traducción de Editorial Tharpa España

Cubierta: Guru Sumati Buda Heruka.
Diseño de la cubierta e ilustraciones interiores: Tharpa Publications.

ISBN: 978-84-16472-17-8 – Rústica
Depósito legal: M-3067-2016
Impreso en México/Printed in Mexico
Imprenta Conexión Publicitaria,
División Impresos Digitales, S.A. de C.V.
conexionpublicitaria@yahoo.com

Índice general

Ilustraciones

Nota del departamento de traducción

Deseamos señalar que a lo largo del texto los nombres propios en tibetano se han escrito según un sistema fonético básico. Debido a que en la lengua tibetana hay muchos sonidos que no existen en español, la introducción de estos fonemas es ineludible. Por ejemplo, en tibetano hay una consonante que se pronuncia *ya* y otra *yha*, como la *j* inglesa. Así, en Manyhushri, Yhe Tsongkhapa, etcétera, la *yha* ha de pronunciarse como la *j* inglesa.

Para representar los términos sánscritos se ha seguido un sistema simple de transliteración, porque evoca la pureza de la lengua original de la que proceden. Así, se ha escrito *Dharma* y no *Darma*, *Sangha* y no *Sanga*, etcétera. No obstante, se ha optado por castellanizar algunos términos y sus derivados, como Buda, budismo, Budeidad, etcétera, por estar más asimilados a nuestra lengua. *Tantra* y *Sutra* con mayúscula se refieren a los textos de Buda Shakyamuni en los que se muestran estos senderos; y con minúscula, a los caminos espirituales propiamente dichos. La Real Academia Española ha incorporado en su *Diccionario de la Real Academia Española* las palabras *karma*, *lama*, *mandala*, *mantra*, *nirvana*, *samsara*, *tantra* y *yogui*. Las palabras extranjeras se han escrito en cursiva solo la primera vez que aparecen en el texto.

En la transcripción de un texto, cuando se ha omitido un fragmento del original se ha indicado con el signo de puntos encorchetados, tres puntos entre corchetes ([...]), colocado en el lugar del texto suprimido.

El verbo *realizar* se utiliza en ocasiones con el significado de 'comprender', dándole así una nueva acepción como término budista.

PRIMERA PARTE: EXPOSICIÓN GENERAL DE ESTA PRÁCTICA

Vajradhara

INTRODUCCIÓN

En el presente libro se expone principalmente la práctica de la meditación, por medio de la cual podemos cultivar y mantener una mente apacible en todo momento. Si nuestra mente está en paz en todo momento, nos sentiremos felices siempre. Por lo tanto, si realmente deseamos ser felices siempre y que los demás lo sean también, debemos aprender a meditar. Por medio de la práctica de la meditación del Mahamudra llegaremos a ser capaces de beneficiar a todos y cada uno de los seres sintientes día tras día. No hay nada más beneficioso que esto.

La función de la meditación es cultivar paz interior. La paz mental permanente y suprema es la iluminación. ¿Qué es la iluminación? La iluminación es la luz interior de la sabiduría que está libre para siempre de las apariencias equívocas y cuya función es proporcionar paz mental a diario a todos y cada uno de los seres sintientes. Solo los seres humanos pueden alcanzarla gracias a la práctica de la meditación. ¡Qué afortunados somos!

La meditación es un método científico para transformar en bueno lo malo de la naturaleza humana. Todos necesitamos tener un buen carácter y un buen corazón. Este es el verdadero método para solucionar nuestros problemas internos, los causados por la ignorancia, la depresión, el odio, etcétera, y también para beneficiar a los demás de manera práctica.

Para que nuestra meditación sea eficaz, cada práctica de meditación se presenta en dos etapas: la contemplación y la meditación en sí. Hemos de memorizar la contemplación y luego repetirla mentalmente una y otra vez durante la sesión de meditación. De este modo generaremos o encontraremos el objeto de la meditación en sí. Una vez que lo hayamos encontrado, hemos de mantenerlo con firmeza y meditar en él de manera convergente. Esta forma de meditar es muy práctica e importante, por lo que debemos guardar este consejo en nuestro corazón.

En el término *Mahamudra*, *Maha* significa 'grande' y se refiere al gran gozo, y *mudra* quiere decir 'no engañoso' y se refiere a la vacuidad. Por lo tanto, el verdadero Mahamudra es la unión de nuestro propio gran gozo y la vacuidad.

Las enseñanzas del Mahamudra que se presentan en este libro se basan en las instrucciones orales de Yhe Tsongkhapa sobre el Mahamudra, las instrucciones extraordinarias que extrajo de la *Escritura de emanación Ganden*.

Hasta el primer Panchen Lama, Losang Chokyi Gyaltsen, estas instrucciones no se habían escrito en lengua humana. El primer Panchen Lama escribió el texto raíz del Mahamudra, *El camino principal de los Vencedores*, y un comentario al mismo basado en la *Escritura de emanación Ganden*. A partir de entonces, las instrucciones del Mahamudra del linaje oral de Ganden se empezaron a enseñar públicamente de manera gradual.

Estas enseñanzas están muy bendecidas. Yhe Tsongkhapa las recibió del Buda de la Sabiduría Manyhushri y transmitió el linaje de bendiciones e instrucciones a su discípulo Togden Yhampel Gyatso; luego fueron pasando a través de un linaje continuo e ininterrumpido hasta que las recibió Vajradhara Triyhang Rimpoché, que es una manifestación de Buda Heruka. Gracias a la gran bondad de este precioso lama, ahora tenemos la oportunidad de escuchar y practicar estas valiosas instrucciones. Debemos alegrarnos de nuestra buena fortuna.

La *Escritura de emanación Ganden* es un texto sagrado emanado por el Buda de la Sabiduría Manyhushri que revela las instrucciones extraordinarias de la doctrina de Ganden. Hay escrituras que son emanaciones, al igual que hay maestros y objetos que también lo son. En los Sutras, Buda dice: «En el futuro, encontraréis Guías Espirituales con aspecto de seres ordinarios. Debéis saber que son mis emanaciones». De hecho, hay innumerables escrituras, maestros y objetos que son emanaciones. Los Budas pueden emanar cualquier cosa, objetos animados e inanimados. No existe ningún lugar donde no haya emanaciones de Buda. El hecho de que hay innumerables emanaciones de Buda es una de las razones principales que demuestran que Buda tiene la capacidad de beneficiar a todos y cada uno de los seres sintientes día tras día.

Por medio de las instrucciones orales del Mahamudra que se presentan en este libro, debemos comprender las características especiales de la doctrina de Yhe Tsongkhapa. En la *Oración para que florezca la doctrina de Yhe Tsongkhapa*, el gran erudito Gungtang dice:

> «La unión de la vacuidad que se expone en las enseñanzas del sutra de Buda
> y el gran gozo que se expone en sus enseñanzas tántricas
> es la esencia de las ochenta y cuatro mil enseñanzas de Buda.
> Que la doctrina del Vencedor Losang Dragpa florezca sin cesar».

En las enseñanzas de Yhe Tsongkhapa encontramos una exposición clara, inequívoca y completa de la vacuidad y también una exposición clara, inequívoca y completa del gran gozo. Esta es la característica especial de la doctrina de Yhe Tsongkhapa. Con este entendimiento, debemos regocijarnos desde lo más profundo del corazón de nuestra buena fortuna al haber encontrado la doctrina de Yhe Tsongkhapa.

Se dice que el Dharma inequívoco es el Mahamudra, el *Lamrim* o etapas del camino a la iluminación y el *Loyong* o adiestramiento de la mente. Por lo tanto, debemos poner mucho esfuerzo en practicar estas instrucciones y en enseñarlas a los demás, porque son la esencia misma del Budadharma. Si lo hacemos, cumpliremos el verdadero objetivo de haber encontrado la doctrina de Yhe Tsongkhapa.

En el texto raíz se utiliza el termino *Gueden kagyu*, que significa 'linaje oral de Ganden'. En este contexto, *Ganden*, que significa 'Ser Gozoso', se refiere a la doctrina de Yhe Tsongkhapa y los practicantes que la siguen se llaman *gandenpas*.

En algunos textos se dice que la vacuidad es el gran sello o Mahamudra pero, en este caso, simplemente se ha asignado el nombre *Mahamudra* a la vacuidad. El verdadero Mahamudra es la unión del gran gozo y la vacuidad.

El Mahamudra o la unión del gran gozo y la vacuidad consta de dos partes: el gran gozo y la vacuidad. En el tantra del yoga supremo, el gran gozo siempre se refiere al gozo que surge al derretirse las gotas dentro del canal central como resultado de que los aires internos de los canales derecho e izquierdo entren, permanezcan y se disuelvan en el canal central por medio de la meditación. Solo los practicantes del tantra del yoga supremo y los Budas experimentan dicho gozo.

En los *Sutras de la perfección de la sabiduría*, Buda expuso la segunda parte de esta unión, la vacuidad, y siguiendo los comentarios de Nagaryhuna a dichos sutras, Yhe Tsongkhapa explicó con claridad y en detalle el significado de la vacuidad.

El significado de la *unión del gran gozo y la vacuidad* es que, gracias a la meditación, nuestra mente de gran gozo y la vacuidad devienen no duales, uno solo, como dos espacios que se funden el uno con el otro. Es algo sumamente profundo y muy sutil, y hoy día son tan pocas las personas que comprenden el significado de esta unión como estrellas que puedan verse a la luz del día.

El gran gozo es apariencia y la vacuidad es vacío. La unión de ambos es la unión de la apariencia y la vacuidad. La verdad convencional es apariencia, y la verdad última, vacío, y la unión de ambas es también la unión de la apariencia y la vacuidad. Uno mismo generado como la Deidad, el contenido, y todo el mandala soporte son apariencia, y la vacuidad es vacío, y la unión de ambos es también la unión de la apariencia y la vacuidad. Debemos saber que esta unión de la apariencia y la vacuidad tiene muchos niveles. Normalmente percibimos la apariencia y la vacuidad como dos objetos diferentes, no como uno. Esta percepción es apariencia dual, que es el obstáculo principal para alcanzar la iluminación. Por lo general, *apariencia dual* y *aferramiento dual* se refieren a la percepción de la apariencia y la vacuidad como dos objetos y a la mente que se aferra a ello, respectivamente.

En una oración, Yhe Tsongkhapa dice:

«Que al identificar de manera correcta el significado
de unión
me libere para siempre de la apariencia equívoca».

En este contexto, el significado de *unión* es que las apariencias y las vacuidades son no duales, de una misma naturaleza. Si comprendemos de manera directa esta unión, nos liberaremos para siempre de todas las apariencias equívocas. Por medio del adiestramiento, cuando comprendamos que las apariencias y las vacuidades son no duales, de una misma naturaleza, como dos espacios que se funden en uno, debemos mantener este profundo conocimiento o experiencia día y noche sin olvidarlo en ningún momento. Si lo hacemos así, lograremos finalmente permanecer para siempre en el vasto espacio de la unión de la apariencia y la vacuidad como un Heruka. Esta es la Unión de Heruka. Entonces habremos logrado la iluminación.

En resumen, cuando nuestra mente se transforma en la mente de gran gozo mediante la meditación, como se ha mencionado, y esta mente comprende la vacuidad de manera directa, esta es la unión del gran gozo y la vacuidad, la auténtica realización del Mahamudra. Entonces, con toda seguridad nos convertiremos en un ser iluminado en esta misma vida.

Muchos de los discípulos de Yhe Tsongkhapa y, de igual modo, sus respectivos discípulos se convirtieron en Budas en esa vida gracias a que alcanzaron la unión del gran gozo y la vacuidad con la práctica de las instrucciones del linaje oral de Ganden. Sin embargo, a muchos les resulta difícil creer que esto es cierto porque sus mentes están ofuscadas por la apariencia ordinaria.

Buda Shakyamuni

CÓMO PRACTICAR EL MAHAMUDRA

En el texto raíz del Mahamudra, se dice:

Con respecto a ello hay tres –las preliminares, la práctica en sí y la práctica concluyente– [...].

Esto significa que para alcanzar la realización del Mahamudra debemos practicar las tres. Por lo tanto, cómo practicar el Mahamudra se presenta en tres apartados:

1. La práctica de las preliminares.
2. La práctica en sí del Mahamudra.
3. La práctica del logro subsiguiente.

LA PRÁCTICA DE LAS PRELIMINARES

Como es bien sabido, hay cuatro grandes guías preliminares:

1. Primera gran guía preliminar: Adiestramiento en la práctica sincera de refugio –la entrada al budismo– y adiestramiento en la compasiva mente de bodhichita –la entrada al mahayana, el camino principal que nos conduce al estado de la iluminación–.
2. Segunda gran guía preliminar: Adiestramiento en la práctica de purificación –la entrada para purificar las acciones perjudiciales y las obstrucciones–.
3. Tercera gran guía preliminar: Adiestramiento en el ofrecimiento del mandala –la entrada para reunir la acumulación de méritos y alcanzar la tierra pura iluminada–.
4. Cuarta gran guía preliminar: Adiestramiento en el yoga del Guru –la entrada para recibir bendiciones–.

PRIMERA GRAN GUÍA PRELIMINAR

CÓMO ADIESTRARSE EN LA PRÁCTICA SINCERA DE REFUGIO –LA ENTRADA AL BUDISMO–

El venerable Sakya Pandita dijo que si no practicas el refugio en las Tres Joyas –Buda, el Dharma y la Sangha–, no eres un practicante de Dharma. Esto significa que si no somos capaces de practicar el refugio con pureza, no entraremos en el budismo, y si no entramos en el budismo, no tendremos la oportunidad de alcanzar la liberación permanente del sufrimiento ni la felicidad suprema de la iluminación. Entonces habremos perdido el verdadero sentido de nuestra vida.

Con esta comprensión, tomamos la siguiente determinación pensando:

Voy a practicar el refugio con pureza para poder entrar en el budismo.

Meditamos en esta determinación.

Puesto que no hay efecto sin una causa, primero tenemos que generar las causas de la práctica pura de refugio en nuestra mente con la siguiente contemplación:

Yo y todos los maternales seres sintientes, innumerables como el espacio infinito, nos estamos ahogando en el extenso y profundo océano del sufrimiento del samsara, donde los monstruos marinos del Señor de la Muerte devoran nuestros cuerpos una y otra vez.

Padecemos el sufrimiento de morir de maneras muy diversas y nuestros incontables cuerpos son devorados por los monstruos marinos del Señor de la Muerte.

Estamos sometidos al ciclo interminable de renacimientos en los que padecemos sufrimientos producidos por olas de dolor insoportable, y cada vez que nacemos, venimos solos y tenemos que experimentar sufrimiento durante toda la vida.

Después viene la muerte.

Y otra vez nacemos solos y tenemos que experimentar sufrimiento toda la vida.

Luego, otra vez nos espera la muerte.

De nuevo volvemos a nacer y así se repite el proceso.

Tenemos que padecer sin cesar este ciclo de sufrimientos insoportables, y la causa de todo este dolor es haber renacido en el samsara, el ciclo de vidas impuras.

¿Qué significa renacer en el samsara? Significa que en cada una de nuestras vidas, debido a la ignorancia, nos aferramos a nuestro cuerpo o mente como si fueran nuestro yo, pensando: «Yo», «yo», donde no hay ningún yo o entidad propia de la persona. Entonces experimentamos sin cesar el sufrimiento de esta vida y de las incontables vidas futuras como alucinaciones.

Una vez que lo hemos comprendido, sentimos lo insoportable que es renacer en el samsara, tanto para uno mismo como para los demás, y lo inaguantable que resulta esta incertidumbre de sufrimiento y renacimientos.

También pensamos:

Estoy en el samsara, el ciclo de vidas impuras, que es como estar atrapado en un círculo de fuego.

Generamos un sentimiento de miedo intenso a este ciclo insoportable de renacimientos y meditamos una y otra vez en él, manteniéndolo de manera convergente sin olvidarlo. Meditando de este modo durante el día y la noche no debemos olvidar nunca el miedo a renacer en el samsara en general y en los reinos inferiores en particular.

Por lo general, no tiene sentido generar miedo, pero el temor al que nos referimos aquí nos abre la puerta a la práctica de refugio puro y, por lo tanto, es sumamente significativo. Es una causa indispensable de la práctica pura de refugio.

Debido a que no tenemos este tipo de miedo, hasta ahora no hemos sido capaces de practicar con pureza el refugio en las Tres Joyas. Por lo tanto, debemos reflexionar de este modo:

> *El sufrimiento interminable de este ciclo de renacimientos es aterrador, es como estar atrapado en un círculo de fuego. Por lo tanto, voy a esforzarme día y noche para terminar con estos renacimientos en el samsara de manera permanente dedicándome con energía a eliminar de una vez por todas su raíz, la mente ignorante del aferramiento propio.*

Meditamos una y otra vez en esta determinación manteniéndola de manera convergente sin olvidarla. La mente que mantiene esta determinación de manera continua es la renuncia auténtica, que nos abre la puerta de la liberación.

Ahora bien, ¿qué método debemos utilizar para detener de manera permanente los renacimientos del samsara y eliminar para siempre su raíz, la ignorancia del aferramiento propio? Solo podremos lograr esta meta si recibimos las bendiciones de Buda, la ayuda de la Sangha y practicamos el Dharma de los tres adiestramientos superiores. Así pues, el único refugio que nos libera de manera permanente de los interminables sufrimientos del samsara son las Tres Joyas preciosas –Buda, el Dharma y la Sangha–. No encontraremos este refugio en ninguna otra fuente. Una vez que lo hemos comprendido y contemplado, debemos generar en nuestro corazón una fe y confianza irreversibles en las Tres Joyas. Esta es también una causa de la práctica pura del refugio.

Luego, por el poder de la imaginación correcta visualizamos que en el espacio ante nosotros aparece realmente nuestro Guru bajo el aspecto de Guru Sumati Buda Heruka, cuya naturaleza es la de nuestro Guru raíz, Yhe Tsongkhapa, Buda Shakyamuni y Heruka, rodeado de todos los Budas y Bodhisatvas de las diez direcciones. Los observamos y meditamos de manera convergente con intensa fe desiderativa durante unos momentos pensando:

¡Qué maravilloso sería si yo y todos los maternales seres sintientes llegáramos a ser como estos seres iluminados!

Después de haber generado y visualizado de este modo los objetos de refugio ante nosotros, recitamos la siguiente oración ritual tres veces al mismo tiempo que realizamos una promesa:

¡Oh, Guru Sumati Buda Heruka!, de ahora en adelante hasta que alcance la iluminación, voy a considerar como mis objetos de refugio únicamente a las Tres Joyas –Buda, el Dharma y la Sangha– y solo confiaré en ellas.

Voy a esforzarme en recibir las bendiciones de Buda, la ayuda de la Sangha y en alcanzar las realizaciones de la Joya del Dharma como protección última contra los miedos del samsara para mí y los demás.

Al recitar esta oración ritual tres veces, tomamos los votos del refugio mahayana. Es muy importante hacerlo todos los días.

Refugiarnos en las Tres Joyas significa hacer una promesa para esforzarnos en recibir las bendiciones de Buda, la ayuda de la Sangha –los practicantes espirituales puros, que muestran un buen ejemplo– y en alcanzar las realizaciones del Dharma de los tres adiestramientos superiores –el adiestramiento con la motivación de renuncia en la disciplina moral, en la concentración o meditación y en la sabiduría de la vacuidad– como protección última contra los miedos del samsara para uno mismo y los demás. Estas promesas son los compromisos esenciales del refugio.

Yhe Tsongkhapa y sus dos Hijos
descendiendo de la tierra pura de Tushita

CÓMO ADIESTRARSE EN LA COMPASIVA MENTE DE BODHICHITA –LA ENTRADA AL MAHAYANA, EL CAMINO PRINCIPAL QUE NOS CONDUCE AL ESTADO DE LA ILUMINACIÓN–

La bodhichita es una mente que posee dos aspiraciones: el deseo de beneficiar de manera directa a todos y cada uno de los seres sintientes y el deseo de alcanzar la iluminación para lograr ese objetivo. La mente que desea de manera espontánea alcanzar la iluminación con el único propósito de liberar para siempre a todos los seres sintientes del sufrimiento es la bodhichita. Cuando generamos esta preciosa mente nos convertimos en un Bodhisatva y recibimos el nombre de *Hijo* o *Hija de Buda*. Debido a que la mente compasiva de bodhichita nos abre la puerta del camino mahayana, se denomina *la entrada del camino mahayana.*

Para alcanzar la realización de la bodhichita tenemos que esforzarnos en practicarla. Es imposible que esta mente tan preciosa surja de manera natural sin un adiestramiento previo. ¿Cómo se practica? Yhe Tsongkhapa dice:

> «Riega la tierra de la ecuanimidad con el agua del amor y siembra en ella la semilla de la compasión. De ello brotará el árbol medicinal de la bodhichita».

En este contexto, *la tierra de la ecuanimidad* se refiere al amor afectivo que observa a todos los seres sintientes; *el agua del amor,* al amor de estimación que observa a todos los seres sintientes, y *el árbol medicinal*, a la realización de la bodhichita.

Así pues, la práctica de la bodhichita tiene cuatro etapas:

1. La práctica del amor afectivo.
2. La práctica del amor que estima a los demás.
3. La práctica de la gran compasión.
4. La práctica de la bodhichita en sí.

CÓMO PRACTICAR EL AMOR AFECTIVO

Para generar la realización del amor afectivo que observa a todos los seres sintientes, realizamos la siguiente contemplación.

Por lo general, el tantra del yoga supremo se conoce como el camino rápido a la iluminación, pero en los Sutras se dice que el camino rápido es la mente espontánea de compasión que observa a todos los seres sintientes. Si poseemos esta mente, gracias a su poder, nunca desperdiciaremos ni un solo instante, sino que a cada momento del día y de la noche nos estaremos acercando cada vez más al logro de la iluminación. Con tal mente de compasión seremos como el kadampa Gueshe Chekhaua, y aunque tuviéramos el deseo de ir a los reinos de los infiernos en la próxima vida, renaceríamos en una tierra pura de Buda con toda seguridad debido al poder de nuestro karma puro y a la pureza de nuestra mente. Hemos de pensar:

Todos los Budas del pasado alcanzaron el estado de la iluminación gracias a la realización de la compasión hacia todos los seres sintientes, y lo mismo ocurrirá con todos los Budas del futuro.

El propósito principal de haber obtenido esta vida humana es el logro de la iluminación. Por lo tanto, he de alcanzar la iluminación, la Budeidad.

Generamos este pensamiento con intensidad y luego pensamos:

Aunque alcanzar la iluminación depende de la realización de la compasión, es imposible generar esta última sin un objeto de compasión. Los únicos objetos de compasión son los seres sintientes.

Por lo tanto, para mí, todos los seres sintientes son mis Guías Espirituales que me conducen hacia el camino mahayana al actuar como objetos de mi compasión.

Además, son mis bondadosas madres de vidas pasadas.

Una vez que hayamos comprendido y contemplado todo esto, generamos desde lo más profundo del corazón una mente muy cálida y feliz que se siente muy cerca de todos los seres sintientes por igual. Esta actitud es amor afectivo hacia todos los seres sintientes. Transformamos la mente en este amor afectivo y meditamos en ello de manera continua hasta que generemos de manera espontánea una mente muy cálida y feliz que se siente muy cerca de todos los seres sintientes por igual. Cuando generamos este amor afectivo, nuestra mente está impregnada de amor puro hacia todos los seres sintientes y, gracias a ello, se vuelve apacible y equilibrada, libre de odio y apego. Por ello, este amor afectivo se denomina también *ecuanimidad*.

Si en nuestra consciencia poseemos la tierra de la ecuanimidad, el amor afectivo que observa a todos los seres sintientes, es muy fácil generar las demás realizaciones del amor que estima a los demás, la gran compasión y la bodhichita. Para una exposición detallada del adiestramiento en el amor que estima a los demás, la gran compasión y la bodhichita véanse el libro *Budismo moderno* y otros textos de Lamrim.

En resumen, el Lamrim y el Loyong junto con la etapa de generación son los preliminares del Mahamudra. La práctica principal en sí del Mahamudra pertenece a la etapa de consumación. El auténtico Mahamudra es una realización superior de la etapa de consumación –la unión del gran gozo y la vacuidad, la luz clara significativa–.

Hay dos formas de practicar el Lamrim y el Loyong como preliminares del Mahamudra, extensa y concisa. La práctica extensa se realiza siguiendo los grandes textos del Lamrim y del Loyong, como ya se ha mencionado.

La práctica concisa se puede realizar con la *Oración de las etapas del camino*, con la oración para pedir las bendiciones de las etapas del camino que se encuentra en la *Ofrenda al Guía Espiritual* o con la oración de súplica de las etapas del camino del sutra y del tantra que se encuentra en *Cientos de Deidades de la Tierra Gozosa según el tantra del yoga supremo*: el yoga del Guru Yhe Tsongkhapa como práctica preliminar del Mahamudra.

Hacemos estas súplicas al mismo tiempo que realizamos la meditación analítica del Lamrim, el Loyong, la etapa de generación y la etapa de consumación. Por ejemplo, podemos comprender la manera concisa de practicar la bodhichita con esta estrofa de la *Ofrenda al Guía Espiritual*:

Por el beneficio de todos los maternales seres
sintientes
voy a convertirme en la Deidad Maestra
y, entonces, conduciré a todo ser sintiente
al estado supremo de la Deidad Maestra.

Esta es la manera de generar bodhichita según el tantra del yoga supremo. En el verso que dice: «voy a convertirme en la Deidad Maestra», se refiere a nuestra Deidad Maestra personal. La Deidad Maestra de los practicantes kadampas modernos es Guru Heruka. Esto es así porque su principal adiestramiento del tantra del yoga supremo es la práctica de Heruka Padre y Madre. Por medio de la contemplación del significado de esta estrofa hemos de generar la mente de bodhichita del tantra del yoga supremo y meditar en ella.

SEGUNDA GRAN GUÍA PRELIMINAR: ADIESTRAMIENTO EN LA PRÁCTICA DE PURIFICACIÓN –LA ENTRADA PARA PURIFICAR LAS ACCIONES PERJUDICIALES Y LAS OBSTRUCCIONES–

Como resultado de las acciones perjudiciales de menospreciar a Buda, el Dharma y a la Sangha en vidas pasadas, los animales no tienen la oportunidad de escuchar ni practicar el Dharma.

Aunque los seres humanos disfrutamos de dicha oportunidad, la mayoría no tiene interés en el Dharma; y a los que lo tienen, cuando lo escuchan, les resulta difícil comprender su significado; cuando lo contemplan, no sienten alegría y con la meditación no alcanzan realizaciones. Tienen tantos obstáculos externos e internos que no consiguen practicar el Dharma con pureza. Estos son también los resultados de las acciones perjudiciales de haber menospreciado a Buda, el Dharma y a la Sangha en vidas anteriores.

Las acciones perjudiciales constituyen los obstáculos principales que nos impiden alcanzar realizaciones de Dharma y son las causas principales de todo el sufrimiento; por lo tanto, tenemos que purificarlas por medio de una práctica de purificación. Buda enseñó diferentes métodos para purificar las acciones perjudiciales, las caídas morales y los compromisos quebrantados pero el método supremo es la práctica de la meditación y la recitación de Vajrasatva. Esta práctica es un método científico que utiliza la tecnología tántrica para purificar la mente y transformarla de impura a pura.

Todos los Budas se manifiestan bajo el aspecto de Vajrasatva en particular con el objetivo de purificar las mentes de los seres sintientes. Por ello, la práctica de la meditación y recitación de Vajrasatva es superior a otras prácticas de purificación. Debemos practicar la meditación y recitación de Vajrasatva siguiendo la sadhana, el ritual de oraciones para alcanzar la realización de dicha Deidad. En la tercera parte del libro puede encontrarse una práctica esencial sencilla para alcanzar la realización de Vajrasatva.

En esta práctica de purificación es de gran importancia practicar con sinceridad los cuatro poderes oponentes: el del arrepentimiento, el de la dependencia, el de la fuerza oponente y el de la promesa. Para una exposición detallada sobre ellos véanse los libros *El camino gozoso de buena fortuna* y *El voto del Bodhisatva*.

TERCERA GRAN GUÍA PRELIMINAR: ADIESTRAMIENTO EN EL OFRECIMIENTO DEL MANDALA –LA ENTRADA PARA REUNIR LA ACUMULACIÓN DE MÉRITOS Y ALCANZAR LA TIERRA PURA ILUMINADA–

Por lo general, la acumulación de méritos es una práctica muy extensa, pero en este contexto, tiene especial relevancia hacer una exposición sobre la práctica del ofrecimiento del mandala por separado. En este contexto, *mandala* significa 'una tierra pura de Buda generada por medio de la imaginación correcta'.

La práctica del ofrecimiento del mandala es un método científico para alcanzar una tierra pura de Buda. Contiene la práctica de las cuatro purezas que se mencionan en enseñanzas del tantra –la pureza completa de los mundos, la del cuerpo, la de los disfrutes y la de las obras o actividades–. Para el practicante cualificado, la práctica del ofrecimiento del mandala es muy profunda y poderosa y con ella se pueden alcanzar realizaciones con rapidez. Por ello, para mostrar un buen ejemplo a los demás, Yhe Tsongkhapa hizo del ofrecimiento del mandala una de sus prácticas principales.

¿Cómo se ofrece el mandala? Por medio de la imaginación correcta cesamos la apariencia o percepción de mundos impuros, así como de sus habitantes y disfrutes, y creemos que todas las apariencias de mundos, de sus habitantes y de los disfrutes aparecen como los mundos, habitantes y disfrutes de una tierra pura de Buda. De este modo generamos una nueva tierra pura de Buda por medio de la imaginación correcta y la ofrecemos a la asamblea de Deidades de la Deidad Maestra. El objeto principal al que hacemos la ofrenda, la Deidad Maestra, es Guru Heruka. Él es también nuestro Guía Espiritual, Yhe Tsongkhapa y Buda Shakyamuni, por lo que recibe el nombre de *Guru Sumati Buda Heruka*.

En resumen, el ofrecimiento del mandala consiste en ofrecer una tierra pura creada por el poder de la imaginación correcta.

En realidad, es lo mismo ofrecer una tierra pura creada por el poder de la imaginación correcta que ofrecer una tierra pura verdadera porque ambas son meras apariencias en la mente. Si tenemos una mente pura, ambas existen, y si no la tenemos, ninguna de ellas existe.

Se dice que la persona que tiene fe intensa y practica el tantra de manera continua con imaginación correcta podrá lograr realizaciones tántricas con facilidad. En ocasiones nos encontramos con personas que tienen fe y que parecen ser torpes o estúpidas y no tener apenas conocimientos, pero que de hecho han alcanzado elevadas realizaciones tántricas gracias al poder de su gran fe e imaginación. Por ejemplo, el kadampa Gueshe Yhayulgua dedicaba todo su tiempo a servir a su Guía Espiritual y no tenía tiempo para escuchar el Dharma de manera extensa ni para meditar, pero sus prácticas de fe e imaginación correcta eran muy poderosas y, gracias a ello, alcanzó elevadas realizaciones. Esto era bien conocido por los eruditos de su época.

No hay ninguna tierra pura que exista por parte del objeto; la tierra pura es una mera apariencia de una mente pura. De igual modo, no hay ningún mundo impuro que exista por parte del objeto; el mundo impuro es una apariencia o percepción de una mente impura.

Si nuestra mente es impura, somos seres impuros, y si nuestra mente es pura, somos seres puros. En *Ornamento para la realización clara,* Buda Maitreya dice:

> «Los mundos impuros aparecen porque los seres sintientes son impuros. Esto demuestra que podemos vivir en un mundo puro, alcanzar una tierra pura de Buda, con solo convertirnos en un ser puro».

Esto nos muestra con claridad que si realmente queremos nacer en una tierra pura, debemos purificar nuestra mente y dejarla limpia y pura. Cada día nos lavamos el cuerpo porque lo consideramos importante, pero ¿cuánto más importante es limpiar y purificar nuestra mente para así poder experimentar que todo es puro, incluido el mundo?

¿Cómo se alcanza una tierra pura de Buda? Con el poder de la fe y la imaginación correcta cesamos todas las apariencias o percepciones de un mundo animado impuro y objetos inanimados impuros y generamos solo apariencias de un mundo animado puro y objetos inanimados puros. Si meditamos en esta generación de manera continua, nuestra mente se volverá pura y nos convertiremos en un ser puro, y de este modo podremos alcanzar una tierra pura de Buda.

La práctica que se ha expuesto para alcanzar la tierra pura de Buda está incluida en la práctica del ofrecimiento del mandala. Desde el punto de vista de nuestro propio bien, nacer en una tierra pura de Buda como resultado de esta práctica, es casi igual que convertirnos en un Buda.

En las claras explicaciones de los textos de Lamrim podemos encontrar una exposición general extensa de cómo ofrecer el mandala.

CUARTA GRAN GUÍA PRELIMINAR: ADIESTRAMIENTO EN EL YOGA DEL GURU –LA ENTRADA PARA RECIBIR BENDICIONES–

Por lo general, se considera que la *Ofrenda al Guía Espiritual* o *Lama Chopa* es la práctica preliminar del yoga del Guru para el Mahamudra. Fue compuesta por el primer Panchen Lama, Losang Chokyi Gyaltsen, una emanación de Buda Amitabha que se manifestó como un ser humano. La manera de practicar este yoga del Guru se expone en *Gran tesoro de méritos*, comentario a la *Ofrenda al Guía Espiritual*.

El yoga del Guru de *Cientos de Deidades de la Tierra Gozosa*, extraído de la *Escritura de emanación Ganden*, puede utilizarse también como práctica preliminar para el Mahamudra. Esto es menos conocido y para comprenderlo es necesario recibir las instrucciones de los Gurus del linaje oral de Ganden.

El yoga del Guru de *Cientos de Deidades de la Tierra Gozosa* puede practicarse de dos maneras, según el sutra o según el tantra del yoga supremo. La diferencia estriba en la manera de visualizar al Ser de Compromiso principal del campo de méritos. Según el tantra del yoga supremo, hemos de visualizar al Ser de Compromiso principal como Yhe Tsongkhapa con Buda Shakyamuni en su corazón y Heruka Padre y Madre en el suyo. Este Ser de Compromiso principal del campo de méritos se llama Guru Sumati Buda Heruka. En este contexto, *Guru* se refiere a nuestro Guru raíz; *Sumati*, a Losang Dragpa –el nombre de ordenación de Yhe Tsongkhapa–, y *Buda*, a Buda Shakyamuni.

Con la siguiente explicación podremos comprenderlo. Aunque Buda Shakyamuni aparece bajo otro aspecto, en realidad es el Vencedor Vajradhara Heruka; aunque Yhe Tsongkhapa aparece bajo un aspecto diferente, en realidad es Buda Shakyamuni, y aunque nuestro Guía Espiritual aparece bajo un aspecto distinto, en realidad es Yhe Tsongkhapa. Estos Gurus son una misma persona que se manifiesta bajo diversos aspectos, como un actor, que aparece con diferentes aspectos para realizar papeles distintos cuando en realidad es la misma persona. Con este reconocimiento de nuestro Guía Espiritual, si practicamos este yoga del Guru, recibiremos poderosas bendiciones con rapidez. La experiencia de muchos practicantes, incluido yo mismo, lo demuestra.

Como ya se ha mencionado, la diferencia principal entre la práctica de este yoga del Guru según el tantra del yoga supremo y según el sutra es la visualización del Ser de Compromiso principal del campo de méritos; el resto de las prácticas, desde la invocación de los Seres de Sabiduría hasta la dedicación, son las mismas. La práctica de este yoga del Guru es una instrucción muy bendecida y fácil de realizar, por lo que podemos utilizarla como práctica preliminar del Mahamudra en todas las sesiones [de meditación].

¿Qué relación hay entre la práctica del Mahamudra y sus cuatro grandes guías preliminares? La práctica del Mahamudra es como un coche con cuatro ruedas, con el que podemos trasladarnos con rapidez hacia el plano de la Unión de la Budeidad. Las cuatro preliminares son como las cuatro ruedas del coche; si faltara alguna, el coche no podría funcionar y, de igual manera, si faltase cualquiera de las cuatro preliminares, no podríamos trasladarnos al plano de Buda mediante la práctica del Mahamudra.

Por lo tanto, si realmente queremos alcanzar la liberación permanente de los sufrimientos del samsara y experimentar el gozo último de la iluminación con la práctica del Mahamudra, es muy importante que nos esforcemos mucho en la práctica de las cuatro grandes guías preliminares. La función principal de las prácticas preliminares es acumular méritos, purificar faltas y recibir bendiciones; por lo tanto, debemos practicarlas cada día integrándolas en las actividades cotidianas, cuando no estemos en sesión de meditación.

Por lo general, completar las cuatro grandes guías preliminares significa acumular o contar cien mil oraciones de refugio en la práctica de refugio; cien mil mantras en la práctica de la meditación y recitación de Vajrasatva; cien mil ofrendas del mandala en la práctica del ofrecimiento del mandala, y cien mil oraciones de súplica de *Migtsema* en la práctica del yoga del Guru. En el apéndice 1 pueden encontrarse unas pautas sobre cómo practicar las cuatro grandes guías preliminares del Mahamudra.

A continuación se expone la manera de practicar *Cientos de Deidades de la Tierra Gozosa según el tantra del yoga supremo*. Comenzamos recitando este verso al mismo tiempo que contemplamos su significado:

> Ante mí en el espacio aparece mi Guru raíz, Guru Sumati Buda Heruka, rodeado de todos los Budas de las diez direcciones.

Meditamos brevemente en estos objetos de refugio y Seres de Compromiso del campo de méritos que hemos generado por medio de la imaginación correcta.

A continuación contemplamos y hacemos la siguiente promesa:

¡Oh, Gurus, Budas y Bodhisatvas!, por favor,
escuchadme:
yo y todos los seres sintientes, mis madres, infinitos
como el espacio,
de ahora en adelante hasta que alcancemos la
iluminación,
nos refugiamos en las Tres Joyas Preciosas –Buda,
el Dharma y la Sangha–.

Al recitar esta promesa tres veces, tomamos los votos del refugio mahayana.

A continuación contemplamos y pensamos:

Por el beneficio de todos los maternales seres
sintientes
voy a convertirme en la Deidad Maestra
y, entonces, conduciré a todo ser sintiente
al estado supremo de la Deidad Maestra.

Al recitar esta promesa tres veces generamos la bodhichita y tomamos los votos del Bodhisatva según el tantra del yoga supremo.

A continuación recitamos:

Del corazón del Protector de los cientos de Deidades
de la Tierra Gozosa,
a la cima de una nube cual cúmulo de blanco requesón
fresco,
Omnisciente Losang Dragpa, Rey del Dharma,
tú y tus Hijos, acudid, por favor, a este lugar.

Pensamos que los Seres de Sabiduría a los que hemos invitado se disuelven en los Seres de Compromiso y devienen uno de manera inseparable.

Luego, recitamos las estrofas restantes desde «Ante mí en el espacio, sobre un trono sostenido por leones, sobre un loto y una luna» hasta la dedicación como suele hacerse normalmente al mismo tiempo que contemplamos su significado y después hacemos el ofrecimiento conciso o extenso del mandala. A continuación recitamos la oración de súplica de *Migtsema* según el tantra del yoga supremo siete o más veces.

Después, meditamos brevemente en el Lamrim, el Loyong y las dos etapas del tantra del yoga supremo al mismo tiempo que recitamos la oración *Súplica al Señor de todos los linajes* (véanse las págs. 75-81). No solo recitamos las palabras, sino que nos concentramos en el significado de cada una de las etapas del camino con mucha concentración. Si lo hacemos cada día en dos, tres o cuatro sesiones, debido al poder de dicha meditación, no tardaremos en alcanzar todas las realizaciones del Lamrim, tanto del sutra como del tantra. Este consejo es muy importante y debemos guardarlo siempre en el corazón.

Después recitamos:

¡Oh, Glorioso y precioso maestro raíz!,
siéntate, por favor, sobre el asiento de loto y luna
en mi corazón.
Cuida de mí con tu gran benevolencia
y concédeme las bendiciones de tu cuerpo, palabra
y mente.

Como resultado de esta súplica, todos los Budas de las diez direcciones, que se encuentran ante mí, se funden en luz y se disuelven en Yhe Tsongkhapa, que a su vez se funde en luz y se disuelve en Buda Shakyamuni en su corazón. Luego, Buda Shakyamuni se funde en luz y se disuelve en Heruka en su corazón.

Complacido, Guru Heruka viene a nuestra coronilla y se sitúa en el centro de la rueda de canales de dicho lugar. De su cuerpo irradian rayos de luz que bendicen los canales, aires y gotas de nuestra coronilla.

Luego recitamos:

¡Oh, Glorioso y precioso maestro raíz!,
siéntate, por favor, sobre el asiento de loto y luna en
mi corazón.
Cuida de mí con tu gran benevolencia
y confiéreme las realizaciones comunes y supremas.

Como resultado de esta súplica, Guru Heruka desciende a nuestra garganta y se sitúa en el centro de la rueda de canales de dicho lugar. De su cuerpo irradian rayos de luz que bendicen los canales, aires y gotas de nuestra garganta.

Luego recitamos:

¡Oh, Glorioso y precioso maestro raíz!,
siéntate, por favor, sobre el asiento de loto y luna en
mi corazón.
Cuida de mí con tu gran benevolencia
y permanece firme hasta que alcance la esencia de la
iluminación.

Como resultado de esta súplica, Guru Heruka desciende a nuestro corazón y se sitúa en el centro de la rueda de canales de dicho lugar. De su cuerpo irradian rayos de luz que bendicen los canales, aires y gotas de nuestro corazón.

Entonces, la mente de luz clara de gran gozo de Guru Heruka se funde de manera inseparable con nuestra mente. Gracias a ello, nuestra mente adquiere la naturaleza de la mente de luz clara de gran gozo de Heruka. Al fundirla de este modo generamos nuestra mente como la de Heruka por medio de la imaginación correcta. Hemos de recordar que las realizaciones tántricas pueden lograrse por medio de la imaginación correcta. Pensamos:

Fundir mi mente con la de Heruka es un método poderoso para purificar mis apariencias y concepciones ordinarias de manera permanente. Voy a mantener esta experiencia día y noche.

LA PRÁCTICA EN SÍ DEL MAHAMUDRA

El Mahamudra en sí consta de dos partes: el gran gozo según se expone en el tantra y la vacuidad según se expone en el sutra. La unión de ambos es el verdadero Mahamudra.

Cuando, gracias al poder de la meditación, nuestra mente de gran gozo se funde de manera inseparable con la vacuidad, esta es la unión del gran gozo y la vacuidad. En una iniciación del tantra del yoga supremo, cuando recibimos la cuarta iniciación, la de la palabra, el Guía Espiritual expone verbalmente el significado de *unión* y por ello se denomina *iniciación de la palabra*. A pesar de escuchar esta instrucción verbal que nos imparte el Guía Espiritual, muchos de los participantes no comprenden nada debido a que esta unión es muy sutil y profunda.

El gran gozo debe lograrse aplicando con destreza los métodos de la etapa de consumación, como la penetración del cuerpo vajra, tal y como se expone más adelante en detalle.

La vacuidad es la verdadera naturaleza de todos los fenómenos; es un objeto muy profundo y encierra un gran significado. Es imposible alcanzar la liberación permanente del sufrimiento sin comprender el verdadero significado de la vacuidad. Sin embargo, debido a que no es fácil entender el verdadero significado de la vacuidad, muchos no aprecian los beneficios de comprenderla. Muchas personas están muy confusas con respecto al tema de la vacuidad. Así pues, qué afortunados somos de haber encontrado una exposición clara, sin errores y completa del significado de la vacuidad en las enseñanzas de Yhe Tsongkhapa.

La práctica en sí del Mahamudra tiene cinco etapas:

1. Meditación en la permanencia apacible tras haber identificado nuestra propia mente.
2. Meditación en la visión superior tras haber comprendido la vacuidad.
3. Meditación en el canal central, el yoga del canal central.
4. Meditación en la gota indestructible, el yoga de la gota.
5. Meditación en el aire indestructible, el yoga del aire.

Hemos de saber que es preciso identificar nuestra propia mente, nuestro propio cuerpo y nuestro yo de manera correcta. Desde tiempo sin principio hemos identificado el yo de manera equívoca. Creemos que el yo que normalmente vemos es nuestro yo. Esta creencia es ignorancia porque el yo que normalmente vemos no existe. Esto se explica de manera detallada más adelante. Debido a esta ignorancia generamos y experimentamos diversas clases de apariencias equívocas y, debido a ello, experimentamos sufrimientos y problemas de todo tipo a modo de alucinaciones a lo largo de toda la vida y de vida en vida sin cesar. Por otro lado, si identificamos el yo como una mera apariencia que no es otra que la vacuidad de todos los fenómenos, la mera ausencia de todos los fenómenos que normalmente percibimos, nuestra apariencia equívoca se reducirá y finalmente cesará por completo. Entonces experimentaremos de manera espontánea la felicidad última de la iluminación.

MEDITACIÓN EN LA PERMANENCIA APACIBLE TRAS HABER IDENTIFICADO NUESTRA PROPIA MENTE

Consta de dos partes:

1. Etapas para identificar nuestra propia mente.
2. La meditación en sí de la permanencia apacible.

Manyhushri

ETAPAS PARA IDENTIFICAR NUESTRA PROPIA MENTE

En un Sutra, Buda dice:

«Si realizas tu propia mente, te convertirás en un Buda; no busques la Budeidad en ningún otro lugar».

El verdadero significado de este Sutra puede comprenderse con las instrucciones del tantra del yoga supremo, como se expone a continuación.

La identificación de la mente se realiza en tres etapas: identificación de la mente burda, identificación de la mente sutil e identificación de la mente muy sutil. La mente que tenemos ahora mientras estamos despiertos que comprende distintas cosas es la mente burda. Esta mente no es difícil de identificar o conocer. La mente que tenemos durante los sueños, que ve o percibe diversos objetos oníricos es la mente sutil. Esta mente es difícil de identificar o conocer. La mente que se manifiesta cuando cesan todas las mentes burdas y sutiles, como resultado de la disolución de los aires internos burdos y sutiles en el canal central, es la mente muy sutil y se denomina *luz clara*. Esta mente es muy difícil de identificar o conocer. Cuando logramos identificarla o comprenderla de manera directa, es prácticamente igual que si estuviéramos iluminados. Este es el significado de las palabras citadas del Sutra.

En términos generales, se dice que el significado o la definición de *mente* es «claridad y cognición». Claridad es la naturaleza de la mente y cognición se refiere a su función.

Pero si alguien preguntara qué significa claridad, ¿qué responderías? Personalmente no he encontrado a nadie que pudiera dar una buena respuesta. Cuando estaba en el monasterio, las respuestas que encontraba en los textos no me resultaban satisfactorias. Fue posteriormente, cuando permanecí en retiro en las montañas, que comprendí bien el significado de *claridad* gracias a un texto del Mahamudra. Pensé: «Este texto, que es una verdadera instrucción oral, es una maravilla» y sentí un profundo gozo. Ahora tengo confianza para explicar con precisión el significado de *claridad.*

El significado o definición de *claridad* es «algo que es vacío, como el espacio, nunca puede tener materia y es la base para percibir objetos».

El espacio, por ejemplo, es vacío por naturaleza –por eso decimos que [la mente] *es algo que es vacío, como el espacio*– pero puede poseer materia porque puede tener forma y color. Durante el día puede ser luminoso y durante la noche puede ser oscuro. Por lo tanto, el espacio no es claridad.

La vacuidad es también *vacía como el espacio* y, al igual que la mente, nunca puede tener materia, pero no es una base para percibir objetos, por lo que la vacuidad no es claridad.

Solo la mente puede ser claridad. No hay ninguna naturaleza convencional de la mente aparte de la claridad.

Una vez que lo hayamos entendido, cuando intentemos identificar nuestra propia mente, si comprendemos con gran nitidez algo que es vacío como el espacio, que carece siempre de materia y que es la base para percibir objetos, habremos reconocido o identificado nuestra propia mente. En ese momento habremos encontrado el objeto de meditación de la permanencia apacible que observa la mente.

En la práctica del Mahamudra, hemos de alcanzar la permanencia apacible observando nuestra propia mente. Hay muchas razones para ello y se exponen a continuación. Por ello es muy importante identificar nuestra propia mente siguiendo las instrucciones que se han expuesto para lograrlo.

LA MEDITACIÓN EN SÍ DE LA PERMANENCIA APACIBLE

Aquí, en el contexto del Mahamudra, debemos elegir la mente como el objeto de la meditación de la permanencia apacible. Hay muchas razones especiales para hacerlo así, pero primero conviene aclarar una duda.

Alguien puede decir que la mente se está percibiendo a sí misma porque el objeto de esta meditación es la mente y también es ella la que medita y que, por lo tanto, los autoconocedores existen, lo cual contradice la visión madhyamika-prasanguika. No se incurre en tal error porque la mente que es el objeto de meditación y la mente que está meditando no son la misma. La mente que es el objeto de meditación es nuestra mente muy sutil y la mente que está meditando es nuestra mente burda. Por lo tanto, la mente burda medita en la mente muy sutil.

La manera de meditar en la permanencia apacible se expone a continuación. En nuestras sesiones primero realizamos la práctica del yoga del Guru siguiendo la sadhana *Cientos de Deidades de la Tierra Gozosa según el tantra del yoga supremo* u *Ofrenda al Guía Espiritual*, desde el refugio hasta la disolución del Guru en nuestro corazón. Luego hemos de encontrar el objeto de la meditación de la permanencia apacible.

Para ello, gracias a que la mente de gran gozo de Guru Heruka se ha fundido de manera inseparable con nuestra mente, generamos una sensación de gran dicha. Con ella realizamos una búsqueda para identificar nuestra mente muy sutil, recordando las instrucciones que se han expuesto con anterioridad al respecto.

Como ya se ha mencionado, la mente que es el objeto de meditación es nuestra mente muy sutil. Al investigar para ver cómo es nuestra mente muy sutil, dicha investigación trata de buscar, intenta encontrar, el objeto de la meditación. Como resultado de esta búsqueda, cuando percibamos con claridad que nuestra mente muy sutil es algo que es vacío, como el espacio, que nunca puede tener materia y que es la base para percibir objetos, habremos encontrado el objeto de la meditación de la permanencia apacible.

En términos generales, el significado de *permanencia apacible* es el siguiente. *Apacible* significa que 'nuestra mente está libre de distracciones hacia objetos externos', y *permanencia*, que 'nuestra mente se mantiene fija o permanece de manera convergente en un objeto virtuoso'. Por lo tanto, en general, se puede decir que la permanencia apacible es una mente libre de distracciones hacia objetos externos que permanece concentrada de manera convergente en un objeto virtuoso. Este logro no es muy difícil de alcanzar.

Con mayor precisión, la permanencia apacible es una concentración que posee el gozo especial de la flexibilidad física y mental que se alcanza a raíz de haber completado nueve niveles de concentración, las nueve permanencias mentales. Dicha permanencia apacible es una mente muy tranquila y sutil. Es capaz de aplacar el odio, el apego y otros engaños, incluido el aferramiento propio, de los seres del reino del deseo y del reino de la forma; es una causa para lograr clarividencia y poderes sobrenaturales; y actúa como causa para renacer como un dios en los reinos superiores.

Sin embargo, adquirir clarividencia y poderes sobrenaturales o renacer como un dios en uno de los reinos superiores no es lo más importante. El propósito principal de meditar en la permanencia apacible es alcanzar la liberación permanente de los sufrimientos del samsara y lograr el gozo de la Budeidad por el beneficio propio y el de los demás.

Es de especial importancia saber que en la práctica del Mahamudra alcanzamos la permanencia apacible observando nuestra mente muy sutil. El propósito es que una vez que hayamos alcanzado la concentración de la cuarta permanencia mental que observa nuestra mente muy sutil, con la práctica del yoga del dormir seremos capaces de reconocer nuestra luz clara del dormir y transformarla en la luz clara ejemplar última y después, gradualmente, en la luz clara significativa. Cuando lo hayamos logrado, es seguro que alcanzaremos la Unión de la Budeidad iluminada en muy poco tiempo. Así pues, podemos entender que el método para alcanzar la permanencia apacible según la práctica del Mahamudra es muy profundo y especial.

Las ramas de la permanencia apacible –las condiciones externas e internas necesarias para alcanzarla– se exponen de manera extensa en los libros *El camino gozoso de buena fortuna* y en la *Guía de las obras del Bodhisatva*. Una vez que hayamos comprendido estas exposiciones con claridad, es muy importante que mantengamos dichas condiciones externas e internas para alcanzar la permanencia apacible. Si lo hacemos así, no será difícil lograr la permanencia apacible a pesar de que en estos tiempos nos acosan numerosas distracciones.

Si nuestra práctica de meditación de la permanencia apacible según las enseñanzas del Mahamudra es cualificada, cuando alcancemos la concentración de la cuarta permanencia mental que observa la mente muy sutil, dicha concentración tendrá la misma función que la permanencia apacible que se expone en enseñanzas del sutra. Esto es así porque tanto el poder de las bendiciones de las instrucciones de la permanencia apacible que se exponen en las enseñanzas del Mahamudra como la manera de meditar son superiores a las de otros métodos. Por lo tanto, hemos de aplicarnos con mucho esfuerzo hasta lograr la concentración de la cuarta permanencia mental que observa la mente muy sutil.

CÓMO ADIESTRARSE EN LA MEDITACIÓN DE LA PERMANENCIA APACIBLE QUE OBSERVA LA MENTE MUY SUTIL

Recordamos la experiencia que tuvimos al fundir nuestra mente con la mente de gran gozo de Guru Heruka y generamos un sentimiento de gran dicha. Luego pensamos:

¿Cómo es mi mente muy sutil?

Recordamos las instrucciones expuestas con anterioridad sobre cómo identificar la mente y cómo comprender la claridad y las aplicamos ahora para identificar nuestra mente muy sutil. Contemplamos:

Mi mente muy sutil es claridad porque es mente, por lo que es algo que es vacío, como el espacio, nunca puede tener materia y es la base para percibir objetos.

Realizamos esta contemplación una y otra vez sin distracciones. Como resultado de esta contemplación, cuando percibamos con claridad nuestra mente muy sutil como algo que es vacío, como el espacio, que nunca puede tener materia y es la base para percibir objetos, habremos identificado nuestra propia mente muy sutil, que es el objeto de la permanencia apacible que observa nuestra mente muy sutil. Mantenemos de manera convergente esta mente muy sutil sin olvidarla y meditamos en ella durante un rato. Si olvidamos el objeto de meditación, debemos recordarlo de nuevo y meditar en él.

Como resultado de meditar de este modo una y otra vez cada día, lograremos una familiaridad estable con la percepción de nuestra mente muy sutil. Con esta familiaridad, enfocamos de manera convergente la mente en nuestra mente muy sutil y meditamos en ella. Esta meditación es la primera permanencia mental, que se denomina *emplazamiento de la mente*.

Luego meditamos de manera continua con la concentración de la primera permanencia mental y cada vez que olvidemos el objeto de meditación, lo recordamos de nuevo y meditamos en él. Si practicamos de este modo una y otra vez cada día, lograremos mantener la meditación en nuestra mente muy sutil al menos durante cinco minutos sin olvidarla cada vez que practiquemos esta meditación. Esta meditación es la segunda permanencia mental, que se denomina *emplazamiento continuo*.

Después meditamos de manera continua con la concentración de la segunda permanencia mental. Cada vez que la mente se distraiga y olvidemos el objeto de meditación, nuestra mente muy sutil, lo recordamos de nuevo y meditamos en él. Si practicamos de este modo una y otra vez cada día, gracias a nuestra familiaridad, finalmente alcanzaremos una concentración que es capaz de recuperar el objeto de meditación cada vez que lo perdamos. Esta concentración es la tercera permanencia mental, que se denomina *reemplazamiento.*

Luego meditamos de manera continua con la concentración de la tercera permanencia mental. Puesto que esta concentración tiene la capacidad de recuperar de inmediato el objeto de meditación cada vez que lo olvidamos, si meditamos con ella una y otra vez cada día, gracias al poder de nuestra familiaridad, finalmente alcanzaremos una concentración que nunca olvida el objeto de meditación durante la sesión. Esta concentración es la cuarta permanencia mental, que se denomina *emplazamiento cercano.*

Puesto que en este nivel nuestra concentración es muy estable y tenemos una retentiva mental muy fuerte, una vez que hemos alcanzado la concentración de la cuarta permanencia mental que observa la mente muy sutil, a efectos de alcanzar caminos superiores, es prácticamente igual que si hubiéramos logrado la permanencia apacible. Por lo tanto, a partir de esta fase ya podemos adiestrarnos en la segunda etapa de la práctica en sí del Mahamudra –meditación en la visión superior tras haber comprendido la vacuidad–.

MEDITACIÓN EN LA VISIÓN SUPERIOR TRAS HABER COMPRENDIDO LA VACUIDAD

La práctica de la segunda etapa tiene dos partes: comprender la vacuidad y meditar en la visión superior. En el texto raíz del Mahamudra se dice:

> «Por lo tanto, con respecto a ello, hay dos sistemas:
> buscar la meditación en base a la visión correcta
> y buscar la visión correcta en base a la meditación.
> Aquí, se sigue el segundo sistema».

La manera de lograr la visión correcta en base a la meditación es alcanzar primero la concentración de la auténtica permanencia apacible o, al menos, la concentración de la cuarta permanencia mental para luego comprender la vacuidad en base a esta meditación.

¿Cómo llegamos a comprender la vacuidad? En general, Buda enseñó diferentes niveles del significado de la vacuidad según la capacidad mental de las personas. Fueron Nagaryhuna y su discípulo Chandrakirti quienes expusieron la verdadera intención de Buda, y Yhe Tsongkhapa quien la clarificó de manera inequívoca.

La práctica del Mahamudra es la instrucción del linaje oral. Contiene numerosas instrucciones que son notablemente superiores a otras, entre las que cabe mencionar:

- Cómo identificar el objeto de negación de la vacuidad y cómo meditar en su negación, la vacuidad.
- Cómo meditar en la visión superior como preparación para el camino de la visión que comprende de manera directa la vacuidad.
- Cómo generar una realización especial del camino de la visión, que es el gozo y la vacuidad no duales.

Con respecto a la primera, cómo identificar el objeto de negación de la vacuidad, contemplamos el significado de las palabras del gran yogui y erudito Norsang Gyatso citadas por el primer Panchen Lama en *La lámpara de elucidación* –el autocomentario al texto raíz del Mahamudra–. El significado de sus palabras se expone a continuación:

Aunque hay muchas estrellas que siguen al gran sol
 Yhe Tsongkhapa,
que afirman que el gran camino medio, la vacuidad,
es la mera ausencia de existencia inherente,
creen de corazón que las cosas que normalmente
 percibimos existen en realidad.

Los objetos oníricos, como las montañas o casas
de los sueños,
así como los caballos y elefantes que crea un mago,
son todos meras apariencias en la mente
–en realidad no existen–.
De igual modo, todos los seres sintientes, desde
los dioses hasta los seres de los infiernos,
y todos los fenómenos que normalmente vemos
o percibimos
son asimismo meras apariencias en la mente
–en realidad no existen–.
Si no conseguimos negar todas las cosas que
normalmente vemos,
nuestra visión de la vacuidad es una mera
creación propia;
no sirve para solucionar nuestro problema de
las perturbaciones mentales.

Debido a que en el pasado probablemente tuvimos un gran interés en la vacuidad, leímos muchos libros, hicimos numerosas preguntas y recibimos muchas respuestas, ahora, cuando alguien nos pregunta qué es la vacuidad, sin apenas pensarlo respondemos con naturalidad: «Es el vacío de la existencia inherente», como si ya hubiéramos realizado la vacuidad.

En realidad, nuestra comprensión es insuficiente, no somos como la persona que ya ha comido lo necesario y se siente satisfecha. La razón de ello es que no conseguimos negar los fenómenos que normalmente vemos o percibimos. Por lo general, identificamos una vacuidad que niega un objeto de negación creado o inventado y decimos: «Esto es la vacuidad». Hemos de saber que por mucho que analicemos esta vacuidad nunca lograremos abandonar una visión incorrecta. Por mucho que meditemos en dicha vacuidad, no nos ayudará a solucionar los problemas de las perturbaciones mentales.

El verdadero objeto de negación de la vacuidad son los

Yhe Phabongkhapa

fenómenos que normalmente vemos o percibimos. Debemos comprenderlo por experiencia propia y para ello hemos de aplicarnos con mucho esfuerzo. En general, *vacuidad* significa 'inexistencia de algo'. Por ejemplo, cuando decimos: «Mi monedero está vacío», *vacío* se refiere a la falta o inexistencia de dinero en el monedero. De igual modo, cuando decimos *vacuidad*, este *vacío* es la mera inexistencia de los fenómenos que normalmente vemos o percibimos.

En los *Sutras de la perfección de la sabiduría*, se dice de manera directa que los fenómenos no existen. Se dice: «No hay [...] ni formas visuales ni sonidos ni olores ni sabores ni objetos tangibles ni fenómenos», y estamos de acuerdo con Buda. De igual modo, yo afirmo de manera directa que todos los fenómenos que normalmente vemos o percibimos no existen, ¿por qué, entonces, no ibas a estar de acuerdo conmigo?

No digo que los fenómenos no existan, sí existen. La manera en que existen es como un mero nombre. Cualquier cosa que no sea un mero nombre no existe. Pero los fenómenos que normalmente vemos o percibimos no existen ni siquiera como un mero nombre porque son apariencias equívocas. Esta es una razón concluyente porque si algo existe realmente, no tendría razón de ser una apariencia equívoca ni tampoco un objeto falso.

En el contexto del Mahamudra, de acuerdo con la intención de Nagaryhuna, primero se exponen las instrucciones para comprender la vacuidad que es la ausencia de la entidad propia de la persona y luego las instrucciones para realizar la vacuidad que es la ausencia de la entidad propia de los fenómenos.

CÓMO COMPRENDER LA VACUIDAD QUE ES LA AUSENCIA DE LA ENTIDAD PROPIA DE LA PERSONA

Hemos de saber que si el yo que normalmente vemos, existe, debe existir en nuestro cuerpo, en nuestra mente, como el conjunto de ambos o en algún lugar separado de ellos. No puede existir de ninguna otra manera. En los *Sutras de la perfección de la sabiduría,* Buda dice: «Si haces una búsqueda de tu cuerpo con sabiduría, no encontrarás nada». Esto implica que si hacemos una búsqueda de nuestro yo o entidad propia, no encontraremos nada.

¿Cómo ponemos esta instrucción en práctica? Contemplamos y pensamos:

Si el cuerpo fuera el yo, se deduce que, después de la muerte, puesto que el cuerpo deja de existir, el yo también dejaría de existir y, por lo tanto, no habría vidas futuras. Puesto que es imposible, está claro que el cuerpo no es el yo o entidad propia de la persona.

Si la mente fuera el yo, no tendría sentido pensar o decir: «Mi mente, mi mente» como normalmente hacemos porque la mente es lo poseído, y el yo, el poseedor, y lo poseído y el poseedor no pueden ser lo mismo. Por lo tanto, podemos concluir con toda certeza que la mente no es el yo.

Puesto que ni el cuerpo ni la mente son el yo, es imposible que el conjunto de ambos lo sea. Por ejemplo, puesto que una cabra y una vaca no son ovejas por separado, es imposible que el conjunto de ambas lo sea. Como esto es cierto, el conjunto del cuerpo y la mente no es el yo.

Es imposible que el yo sea algo separado del cuerpo, de la mente y del conjunto del cuerpo y la mente. Si fuera posible, entonces, por ejemplo, si el cuerpo, la mente y el conjunto de ambos de una persona llamada Juan desparecieran, aún sería posible ver a Juan. He de aplicar este mismo razonamiento a mi yo. Por lo tanto, llego a la conclusión definitiva de que mi yo no es algo separado del cuerpo, de la mente ni del conjunto de ambos.

Repetimos mentalmente esta contemplación de corazón, al mismo tiempo que nos concentramos en su significado. Luego pensamos: «Si realizo de este modo una búsqueda del yo con el ojo de la sabiduría, no encontraré nada. Desaparecerá y dejará de existir».

Esto demuestra con claridad que el yo que normalmente veo, no existe en absoluto. Meditamos en este profundo conocimiento durante un rato.

CÓMO COMPRENDER LA VACUIDAD QUE ES LA AUSENCIA DE LA ENTIDAD PROPIA DE LOS FENÓMENOS

Contemplamos y pensamos:

Puesto que el yo o entidad propia de la persona que normalmente veo no existe, sus enfermedades, su muerte, renacimiento y sufrimiento tampoco existen. Nada que experimente el yo que normalmente veo existe: no hay nada que haya visto ni oído ni recordado ni tocado, no hay actividades, ni nada que haya hecho, no hay alegría ni dolor, no hay nada que alabar, nada a lo que culpar, nada que ganar, nada que perder, nada que desear, nada que no desear, nada que percibir ni nada a lo que aferrarse. Esto demuestra con claridad que los fenómenos que normalmente veo o percibo, no existen en absoluto.

Meditamos en este profundo conocimiento de manera convergente durante tanto tiempo como nos sea posible. Hemos de practicar esta contemplación y meditación una y otra vez cada día hasta que lleguemos a comprender de manera directa que todos los fenómenos que normalmente vemos o percibimos no existen. La manera de lograr este objetivo es esforzarnos en adquirir gran familiaridad con esta contemplación y meditación. Las enfermedades, la muerte, el renacimiento y el sufrimiento del hijo de una mujer sin descendencia no existen porque dicho hijo no existe. De igual modo, las enfermedades, la muerte, el renacimiento y el sufrimiento del yo que normalmente vemos no existen porque dicho yo no existe.

Sin embargo, hemos de saber que, en términos generales, todos los fenómenos existen como meros nombres. Si estamos satisfechos con su mero nombre, podemos decir: «Soy feliz» o «no soy feliz» o «él es feliz» o «él no es feliz», etcétera, como hacen las personas mundanas. Buda no contradice estos puntos de vista de las personas mundanas.

LA PRÁCTICA DEL LOGRO SUBSIGUIENTE

Cuando terminamos la meditación estabilizada en la vacuidad y emprendemos las actividades diarias, hemos de comprender y creer que todo lo que aparece ante nosotros [o percibimos], ya sea bueno, malo o neutro, aunque no existe, aparece, como una ilusión. Esta manera de creer y pensar es la práctica de la apariencia semejante a una ilusión.

Y también hemos de comprender y creer que todo lo que aparece ante nosotros, ya sea bueno, malo o neutro, aunque aparece, no existe, al igual que una ilusión. Esta manera de creer y pensar es la práctica de la vacuidad semejante a una ilusión. Como Buda dice en los Sutras, todos los fenómenos que normalmente vemos o percibimos son como una ilusión. Esto significa que aunque aparecen, no existen, al igual que una ilusión. Son solo apariencias equívocas. Hemos de generar este conocimiento profundo y mantenerlo día y noche, y no debemos olvidarlo nunca.

Es de gran importancia adquirir una profunda familiaridad con estas prácticas en nuestras actividades diarias. Por medio de ellas podremos solucionar los problemas que acontecen en el día a día.

Debemos aprender a dejar de aferrarnos al yo que normalmente vemos recordando que no existe. Si lo hacemos bien en la práctica, no habrá base para experimentar problemas ni sufrimientos. Finalmente alcanzaremos la liberación permanente de todos los sufrimientos de esta vida y de las innumerables vidas futuras. ¡Qué maravilloso!

Sin embargo, si no logramos dejar de aferrarnos al yo que normalmente vemos, es una clara indicación de que nuestra comprensión de la vacuidad de la persona no es cualificada.

Debemos saber que, a pesar de que entendemos que el yo que normalmente vemos no existe porque hemos comprendido las razones válidas expuestas que lo demuestran, lo que significa que comprendemos la vacuidad de nuestro yo, aun así seguimos aferrándonos al yo que normalmente vemos en todo momento, día y noche, incluso mientras dormimos. Como resultado, no tenemos nunca la oportunidad de disfrutar de la paz mental que surge de la sabiduría. Solo la paz interior que surge de la sabiduría es felicidad. La paz mental que se genera con los disfrutes mundanos no es verdadera felicidad, sino sufrimiento del cambio.

Entonces, ¿por qué tenemos este problema de aferrarnos al yo que normalmente vemos si comprendemos la vacuidad? Es debido a que no practicamos la vigilancia mental y la retentiva o a que nuestra práctica de ellas es muy débil. ¿Cómo debemos adiestrarnos en la vigilancia mental y la retentiva? Con la práctica sincera de la vigilancia mental, que es un aspecto de la sabiduría, hemos de reconocer de inmediato cuándo nos estamos aferrando al yo que normalmente vemos. Luego debemos esforzarnos en dejar de aferrarnos a él recordando que no existe. Si nos ejercitamos en la vigilancia mental de este modo, generaremos en la consciencia la cesación del aferramiento al yo que normalmente vemos.

Entonces, mediante la práctica sincera de la retentiva mental, hemos de mantener con firmeza la verdadera cesación que hemos generado en la consciencia y no olvidarla nunca, ni de día ni de noche, ni siquiera durante el sueño. Si practicamos con sinceridad la vigilancia mental y la retentiva de este modo, alcanzaremos finalmente la cesación permanente de la ignorancia del aferramiento propio, la raíz de todo el sufrimiento.

En la *Guía de las obras del Bodhisatva,* Shantideva dice:

«Con las palmas de las manos juntas
suplico a aquellos que desean proteger su mente:
"Esforzaos siempre por aplicar
la retentiva y la vigilancia mental"».

Por favor, guardad este consejo en el corazón.

CÓMO MEDITAR EN LA VISIÓN SUPERIOR

La auténtica visión superior es una sabiduría especial que se genera por medio de la meditación de la permanencia apacible. Aquí hemos de meditar en la visión superior que observa la vacuidad. Podremos hacerlo una vez que hayamos alcanzado la concentración de la cuarta permanencia mental que observa la vacuidad. En esta etapa aún no tenemos una visión superior auténtica, sino una semejanza o réplica de dicha visión. Una vez que hayamos generado esta réplica de la visión superior, cuando meditemos en ella estaremos meditando en la visión superior.

La concentración de la cuarta permanencia mental es como un remanso de agua clara, que no está agitada por el viento, y la réplica de la visión superior, como un pequeño pez que nada en el agua sin perturbar la superficie. La réplica de la visión superior es un aspecto de la sabiduría, dentro de la concentración, que investiga el objeto sin perturbar esta última.

Meditar en la réplica de la visión superior que observa la vacuidad es la causa principal para alcanzar la auténtica visión superior que observa la vacuidad, y meditar en la auténtica visión superior que observa la vacuidad es la causa principal para alcanzar el camino de la visión que comprende de manera directa la vacuidad.

Sin embargo, hemos de saber que hay una gran diferencia entre el camino de la visión que se expone en el tantra del yoga supremo y el camino de la visión que se expone en el sutra. El primero es la mente del gran gozo espontáneo que comprende de manera directa la vacuidad. Esta es una auténtica realización del Mahamudra. La segunda es una realización que comprende de manera directa la vacuidad con la mente burda. Este camino de la visión no es la auténtica realización del Mahamudra. Comprender la vacuidad con la mente burda no es una auténtica realización directa de la vacuidad. La auténtica realización directa de la vacuidad necesariamente comprende la vacuidad con la mente muy sutil. Así pues, el camino de la visión que se expone en el sutra no es el auténtico o verdadero camino de la visión, y los Seres Superiores del camino del sutra no son realmente Seres Superiores. Para alcanzar el verdadero camino de la visión hemos de lograr la mente del gran gozo espontáneo, cuya consecución depende de los yogas de los canales, las gotas y los aires internos para penetrar el cuerpo vajra.

Cómo meditar en los yogas de los canales, las gotas y los aires internos tiene tres partes:

1. Meditación del yoga del canal central.
2. Meditación del yoga de la gota.
3. Meditación del yoga del aire interno.

En primer lugar se expone una breve introducción a los canales, las gotas y los aires internos.

LOS CANALES

En este contexto, los canales son las vías de nuestro cuerpo que contienen las gotas rojas y las blancas y los aires internos que fluyen sobre los que montan las mentes. Hay tres canales principales: el canal central, el canal derecho y el canal izquierdo. El canal central se denomina también *dhuti* y es el principal del cuerpo.

Realizamos la siguiente contemplación:

El canal central, que es del grosor de una paja de refresco, se encuentra exactamente en medio de mi cuerpo, entre los dos hombros, pero más cerca de la espalda. Desciende recto desde la coronilla hasta la punta del órgano sexual, como si fuera el pilar del cuerpo.

Tiene las siguientes características. Por fuera es de color azul claro, y por dentro, de color rojo aceitoso; es recto, suave y flexible, y es claro y transparente.

A la derecha del canal central está el canal derecho, que es de color rojo y desciende recto desde la coronilla hasta la punta del órgano sexual.

A la izquierda del canal central está el canal lateral izquierdo, que es de color blanco y desciende recto desde la coronilla hasta la punta del órgano sexual.

Para esta práctica no hace falta contemplar las cuatro ruedas de canales, las seis ruedas de canales, etcétera. Lo que debemos contemplar principalmente, una y otra vez, son las características descritas del canal central y entrenarnos en percibir una imagen genérica clara del mismo.

LAS GOTAS

Las gotas permanecen en el interior de los canales, son húmedas, su naturaleza es la de un fluido y su función es inducir gozo al derretirse. Hay dos clases de gotas: las gotas blancas y las gotas rojas.

Cuando las gotas blancas, que son la esencia pura del esperma, se derriten, su función es inducir gozo en el hombre, y cuando las gotas rojas, que son la esencia pura de la sangre, se derriten, su función es inducir gozo en la mujer. Cuando el hombre y la mujer entran en unión, el fuego interno o *tummo* –que es la esencia de la sangre y cuya naturaleza es fuego o calor–, que reside en el ombligo de cada uno, entra en los canales y hace que las gotas blancas se derritan en el interior del canal e induzcan gozo en el hombre, y que las gotas rojas se derritan en el interior del canal e induzcan gozo en la mujer.

En el caso de aquellos que han alcanzado realizaciones de la etapa de consumación, los aires internos de los canales derecho e izquierdo entran, permanecen y se disuelven en el canal central por medio de la meditación, debido a lo cual, el fuego interno en el ombligo arde en el interior de dicho canal, lo que hace que las gotas en el interior del canal central se derritan e induzcan gozo. Este gozo se denomina *gran gozo*. Es el gozo de la unión del gozo y la vacuidad en el Mahamudra. En alusión a este gran gozo, en el texto raíz del Mahamudra se dice que es la esencia misma del tantra del yoga supremo.

Hay tres clases de gotas: burdas, sutiles y muy sutil. Las primeras son las gotas que se encuentran en el canal lateral derecho y en el izquierdo; las segundas son las gotas que se encuentran en el canal central en general, y la tercera es concretamente la gota que se encuentra en el medio del canal central en el corazón, que se denomina *gota indestructible*.

Las gotas se llaman también *bodhichitas*. En este contexto, la bodhichita es el gran gozo porque el gran gozo es la causa principal de la *bodhi* o la iluminación. En el caso de las gotas, se le ha dado a la causa –las gotas que se derriten– el nombre de su efecto –el gran gozo–.

LOS AIRES INTERNOS

En este contexto, los aires residen en el interior de los canales, son ligeros, su naturaleza es movimiento y su función es servir de montura para las mentes. Hay diez clases de aires internos: cinco aires internos raíz y cinco secundarios, que debemos comprender con la ayuda del libro *La luz clara del gozo*.

Los aires internos en el interior de los canales son sutiles y sin ellos las mentes no podrían funcionar. La función de estos aires es desplazar la mente hacia su objeto. Por ejemplo, si nuestra mente piensa en la luna que está en el cielo, esa mente llega a la luna gracias al aire sobre el que monta. La

Vajradhara Triyhang Rimpoché

mente es como una persona sin piernas que puede ver, y el aire, como un ciego que puede andar.

Por medio del yoga del aire, cuando los aires internos en el interior de nuestros canales se purifiquen, la mente se purificará, y cuando sea completamente pura, nos convertiremos en un ser iluminado. Si practicamos el tantra con pureza, no es difícil alcanzar la iluminación. Esto queda demostrado por los relatos verídicos sobre cómo Gyalgua Ensapa y muchos de sus discípulos alcanzaron el estado de la Unión de la Budeidad con facilidad en una vida tan breve.

Los canales, las gotas y los aires internos se denominan *cuerpo vajra*. Aunque no son nuestro verdadero cuerpo, son partes del mismo y, por ello, se denominan *cuerpo*. En este contexto, *vajra* significa 'gran gozo'. Debido a que los canales, las gotas y los aires internos son las causas a partir de las cuales se genera el gran gozo, al denominarlos *vajra* asignamos a la causa el nombre del efecto.

Debido a que los aires internos que fluyen por los canales derecho e izquierdo son las monturas de la mente de aferramiento propio, son objetos que hemos de abandonar. La manera de abandonarlos es disolverlos en el canal central por medio de la meditación hasta que cesen. Los aires internos del canal central se denominan *aires de sabiduría* porque sirven de montura para la sabiduría del gran gozo.

Así concluye esta breve introducción sobre los canales, las gotas y los aires internos.

¿Cómo se penetran los canales, las gotas y los aires internos –el cuerpo vajra–? En este contexto, penetrar se refiere a meditar en el canal central, la gota indestructible y el aire indestructible.

Se expone en tres partes:

1. Meditación en el canal central, el yoga del canal central.

2. Meditación en la gota indestructible, el yoga de la gota.
3. Meditación en el aire indestructible, el yoga del aire.

MEDITACIÓN EN EL CANAL CENTRAL, EL YOGA DEL CANAL CENTRAL

Para practicar este yoga primero hemos de contemplar en detalle la naturaleza, las características, etcétera, del canal central, tal y como se ha expuesto. Esto no significa hacerlo una o dos veces, sino contemplarlo cada día una y otra vez hasta que, como resultado de esta contemplación, percibamos con claridad una imagen genérica del canal central. Luego, con la convicción de que nuestra mente se encuentra en el interior del canal central en el corazón, nos concentramos en dicho canal a la altura del corazón y meditamos en él de manera convergente sin olvidarlo.

Como resultado de meditar de este modo una y otra vez cada día, cuando logramos cierta familiaridad con esta meditación, alcanzamos la primera permanencia mental que observa el canal central en el corazón. Luego hemos de aplicar un esfuerzo continuo para mejorar nuestra familiaridad con esta meditación y alcanzar la segunda permanencia mental, luego la tercera, hasta lograr la concentración de la cuarta permanencia mental que observa el canal central en el corazón.

Cuando alcancemos la concentración de la cuarta permanencia mental que observa el canal central en el corazón, percibiremos las señales de que los aires internos de los canales derecho e izquierdo entran, permanecen y se disuelven en el canal central – desde la apariencia semejante a un espejismo hasta la apariencia de la luz clara–, y las gotas en el interior de dicho canal se derretirán e inducirán gran gozo. Este gran gozo es la primera realización de la etapa de consumación.

Puede que nos preguntemos si es suficiente con meditar solo en el canal central. La respuesta es que no, no lo es. La disolución de los aires internos de los canales derecho e izquierdo en el canal central por medio de la meditación puede producirse en tres grados:

1. Disolución de unos pocos aires en el canal central.
2. Disolución de muchos aires en el canal central.
3. Disolución de todos los aires en el canal central.

Podemos lograr el primer grado de disolución por medio de la meditación en el canal central que se acaba de exponer; el segundo, por medio de la meditación en la gota indestructible, y el tercero, por medio de la meditación en el aire y la mente indestructibles.

Por medio de la meditación en el aire y la mente indestructibles, cuando todos los aires internos de los canales derecho e izquierdo se disuelven en el canal central y se purifican de manera permanente, también se purifican todas las mentes impuras y nuestra mente se vuelve completamente pura. Así pues, nos convertimos en un Buda, un ser iluminado. Esto se debe a que los aires que fluyen por los canales derecho e izquierdo sirven de montura para las mentes impuras, por lo que si los aires de estos canales se purifican por completo, las mentes impuras también se purifican por completo.

MEDITACIÓN EN LA GOTA INDESTRUCTIBLE, EL YOGA DE LA GOTA

¿Cómo meditamos en la gota indestructible? En el interior del canal central de la rueda de canales del corazón hay una gota cuyo hemisferio superior es blanco, y el inferior, rojo. Es del tamaño de un pequeño guisante y es muy clara y brillante. Se denomina *gota indestructible*. Las dos partes de esta gota, el hemisferio superior blanco y el inferior rojo, son indestructibles en el sentido de que nunca se separan hasta el momento de la muerte. Por ello se denomina *gota indestructible*.

Al morir, debido al karma, todos los aires de los canales derecho e izquierdo se disuelven en la gota indestructible en el corazón; como resultado, las partes roja y blanca de esta gota se separan y la consciencia muy sutil que está en su interior emerge y viaja a la próxima vida.

La manera de meditar en la gota indestructible se expone a continuación. El objeto de esta meditación es la gota indestructible como ya se ha descrito. Para encontrar o percibir con claridad el objeto de esta meditación pensamos de este modo:

¿Dónde se encuentra la gota indestructible? En el interior del canal central de la rueda de canales del corazón. ¿Cuál es su naturaleza? La naturaleza de la parte roja de esta gota es sangre pura, y la de la parte blanca, esperma puro. ¿Qué tamaño tiene? El tamaño de un pequeño guisante.

Además, es como una casa de huéspedes en la que reside mi consciencia muy sutil. Es muy clara y brillante. Su función es hacer que la mente de luz clara se manifieste cuando meditamos en ella.

Realizamos esta contemplación una y otra vez cada día y, cuando, como resultado de familiarizarnos cada vez más con ella, percibamos con claridad una imagen genérica de la gota indestructible, habremos encontrado el objeto de meditación.

Entonces, con la convicción de que nuestra mente permanece en el canal central de la rueda de canales del corazón, nos enfocamos con intensidad en la gota indestructible y meditamos en ella de manera convergente. Si olvidamos el objeto de meditación, hemos de recordarlo de inmediato y volvemos a meditar en él.

Como resultado de meditar de este modo una y otra vez cada día, cuando logramos cierta familiaridad con esta meditación, alcanzamos la primera permanencia mental que observa la gota indestructible. Luego hemos de aplicar un esfuerzo continuo para mejorar nuestra familiaridad con esta meditación y alcanzar la segunda permanencia mental, luego la tercera hasta lograr la concentración de la cuarta permanencia mental que observa la gota indestructible.

Cuando alcanzamos esta concentración de la cuarta permanencia mental que observa la gota indestructible, tenemos una concentración muy estable observando nuestra gota indestructible y una retentiva mental muy fuerte, por lo que somos capaces de permanecer en esta concentración que observa la gota indestructible sin perder el objeto en ningún momento durante toda la sesión.

Debido a ello, percibiremos las señales de que los aires internos de los canales derecho e izquierdo entran, permanecen y se disuelven en el canal central –desde la apariencia semejante a un espejismo hasta la de la luz clara–, que son más claras que la experiencia anterior que logramos de ellas con la meditación en el canal central. Sin embargo, para alcanzar la luz clara completamente cualificada que se logra al desatar los nudos del canal del corazón, tenemos que practicar la meditación en el aire indestructible, el yoga del aire.

MEDITACIÓN EN EL AIRE INDESTRUCTIBLE, EL YOGA DEL AIRE

¿Cómo meditamos en el aire indestructible? El aire indestructible es un aire interno que sirve de montura a la mente muy sutil. Este aire y la mente muy sutil nunca se destruyen, en el sentido de que nunca se separan. Por esta razón, se denomina aire *indestructible*. Es asimismo el aire interno muy sutil.

El aire indestructible se denomina también *aire que reside de manera continua* por ser el aire que mora de manera continua, mientras que todos los demás aires que fluyen por los canales son temporales. Por ejemplo, al morir todos los demás aires que fluyen por los canales cesan y dejan de existir.

Sin embargo, el aire indestructible no deja de existir, sino que nos acompaña a la próxima vida y permanecerá en nuestro continuo hasta que alcancemos la Budeidad. Cuando nos convertimos en un Buda, este aire se convierte en el Cuerpo de la Forma de Buda. Por ello, el aire indestructible es nuestra naturaleza de Buda y se llama *naturaleza creciente de Buda*.

El aire indestructible y la mente indestructible constituyen una misma naturaleza, lo que significa que el aire muy sutil y la mente muy sutil son una misma naturaleza, por lo que el conjunto de los dos se denomina *aire y mente indestructibles*.

La mente indestructible también se llama *mente que reside de manera continua*. Al morir, todas las demás mentes cesan y dejan de existir. Sin embargo, la mente indestructible no deja de existir, sino que viene con nosotros a la próxima vida y permanecerá en nuestro continuo hasta que alcancemos la Budeidad. Cuando nos convertimos en un Buda, esta mente se convierte en la mente de un Buda, el Cuerpo de la Verdad. Por ello, la mente indestructible es también nuestra naturaleza creciente de Buda.

La vacuidad de nuestro aire indestructible y la vacuidad de nuestra mente indestructible constituyen nuestra auténtica naturaleza de Buda que permanece de manera natural. El verdadero significado de la naturaleza de Buda que permanece de manera natural debe comprenderse con las enseñanzas del tantra del yoga supremo.

El aire indestructible también se denomina *cuerpo que reside de manera continua* y es nuestro verdadero cuerpo. El cuerpo burdo que ahora tenemos es parte de los cuerpos de nuestros padres, por lo que no es nuestro verdadero cuerpo. Sin embargo, debido a la ignorancia creemos que es nuestro verdadero cuerpo.

Es imposible que el cuerpo que reside de manera continua muera, por lo que se denomina *cuerpo que reside de manera continua*. La mente indestructible es la mente que reside de manera continua.

En el caso de los seres sintientes, el aire indestructible actúa como causa sustancial del cuerpo del estado intermedio y del cuerpo onírico; en el caso de aquellas personas que han alcanzado realizaciones de la etapa de consumación, el aire indestructible actúa como causa sustancial del cuerpo ilusorio, y en el caso de los seres iluminados, como causa sustancial de su Cuerpo de la Forma.

Así concluye esta breve exposición sobre cómo identificar el aire y la mente indestructibles.

CÓMO MEDITAR EN EL AIRE INDESTRUCTIBLE

El objeto de esta meditación es el aire y la mente indestructibles, es decir, el conjunto del aire indestructible y la mente indestructible como ya se ha expuesto. Para encontrarlo o percibirlo con claridad realizamos la siguiente contemplación:

¿Dónde se encuentran mi aire y mente indestructibles? En el interior de la gota indestructible en el canal central de la rueda de canales de mi corazón. ¿Cuál es su naturaleza? Su naturaleza es el conjunto de mi aire indestructible y mi mente indestructible. ¿Cuál es su función? Su función es servir como base del samsara y del nirvana y, si meditamos en ellos, su función es desatar los nudos del canal del corazón.

Realizamos esta contemplación una y otra vez cada día y cuando, como resultado de adquirir familiaridad, percibamos con claridad el objeto de meditación, el conjunto del aire indestructible y la mente indestructible, habremos encontrado el objeto de meditación.

Luego imaginamos lo siguiente. En el interior de la gota indestructible, que está dentro del canal central a la altura del corazón, se encuentran nuestro aire y mente indestructibles bajo el aspecto de una sílaba HUM, de color blanco rojizo y del tamaño de un grano de cebada. Creemos con firmeza que esta sílaba HUM es el verdadero Guru Heruka.

Pensamos que nuestra mente ha entrado en la sílaba HUM y entonces nos enfocamos en esta sílaba, que es nuestro aire y mente indestructibles. La mantenemos sin olvidarla y meditamos en ella de manera convergente. Si olvidamos el objeto de meditación, debemos recordarlo de inmediato y meditar en él.

Como resultado de meditar de este modo una y otra vez cada día, cuando logremos cierta familiaridad con esta meditación, alcanzaremos la primera permanencia mental que observa el aire y la mente indestructibles. Luego hemos de mejorar de forma gradual nuestra familiaridad con esta meditación del aire y la mente indestructibles aplicándonos con esfuerzo para alcanzar la segunda permanencia mental, después la tercera hasta lograr la concentración de la cuarta permanencia mental que observa el aire y la mente indestructibles.

Cuando alcancemos la concentración de la cuarta permanencia mental que observa el aire y la mente indestructibles, percibiremos las señales de que los aires internos de los canales derecho e izquierdo entran, permanecen y se disuelven en el canal central –desde la apariencia semejante a un espejismo hasta la de la luz clara–, de un modo superior a la experiencia anterior de ellas que logramos con la meditación de la gota indestructible.

¿Cuáles son las señales que aparecen cuando los aires de los canales derecho e izquierdo entran, permanecen y se disuelven en el canal central?

La señal de que los aires entran en el canal central es que nuestra respiración fluye de manera uniforme por los orificios nasales y se equipara la presión de la inhalación y la exhalación.

La señal de que los aires permanecen en el canal central es que el flujo del aire por los orificios nasales es cada vez más débil hasta que finalmente cesa y se detiene el movimiento del abdomen.

Hay ocho señales de disolución de los aires en el canal central, desde la apariencia semejante a un espejismo hasta la apariencia de la luz clara.

En esta etapa, se disuelven de manera gradual en el canal central siete clases de aires internos diferentes, que son:

1. El aire del elemento tierra.
2. El aire del elemento agua.
3. El aire del elemento fuego.
4. El aire del elemento aire.
5. El aire sobre el que monta la mente de apariencia blanca.
6. El aire sobre el que monta la mente del rojo creciente.
7. El aire sobre el que monta la mente negra del logro cercano.

¿Cuáles son las señales de la disolución de estos aires?

1. La señal de que el aire del elemento tierra se disuelve en el canal central es que experimentamos una apariencia de agua semejante a un espejismo.
2. La señal de que el aire del elemento agua se disuelve en el canal central es que experimentamos una apariencia semejante al humo.
3. La señal de que el aire del elemento fuego se disuelve en el canal central es que experimentamos una apariencia semejante a luciérnagas chispeantes.
4. La señal de que el aire del elemento aire se disuelve en el canal central es que experimentamos una apariencia semejante a la llama de una vela.
5. A esta señal le sigue una apariencia de pura blancura.
6. La señal de que el aire sobre el que monta la mente de apariencia blanca se disuelve en el canal central es que experimentamos una apariencia del rojo creciente.
7. La señal de que el aire sobre el que monta la mente del rojo creciente se disuelve en el canal central

es que experimentamos una apariencia negra del logro cercano.

8. La señal de que el aire sobre el que monta la mente negra del logro cercano se disuelve en el canal central es que experimentamos una apariencia de luz clara.

La luz clara es una mente muy sutil manifiesta en la cual aparece la vacuidad. Se denomina *luz clara* porque es la luz clara interior de la mente que surge de la disolución de los aires internos de los canales derecho e izquierdo en el canal central.

Cuando percibimos la quinta señal de la disolución de los aires internos de los canales derecho e izquierdo en el canal central, la apariencia de la apariencia blanca, todos los aires y mentes burdos cesan. Cuando percibimos la octava señal, la apariencia de luz clara, todos los aires y mentes sutiles cesan y se manifiesta la mente muy sutil.

La realización de la luz clara tiene muchos niveles. La luz clara que se alcanza cuando los nudos del canal del corazón se desatan por completo es la luz clara totalmente cualificada y puede ser de dos clases: la luz clara ejemplar y la luz clara significativa.

La luz clara totalmente cualificada que es el gran gozo que comprende la vacuidad con una imagen genérica es la luz clara ejemplar última. Aquí *última* significa 'totalmente cualificada'. Al tomarla como ejemplo, podemos comprender cómo alcanzar la luz clara significativa, y por ello se denomina *luz clara ejemplar*.

Cuando surgimos de la meditación estabilizada de la luz clara ejemplar última, alcanzamos el cuerpo ilusorio impuro. En general, *cuerpo ilusorio* significa 'el aire interno muy sutil o aire indestructible que aparece bajo el aspecto del cuerpo de una Deidad iluminada'. Debido a que aparece como un cuerpo creado por un mago y carece de existencia inherente se denomina *cuerpo de ensueño* o *cuerpo ilusorio*.

Hay dos clases de cuerpo ilusorio: cuerpo ilusorio impuro y cuerpo ilusorio puro. El cuerpo ilusorio impuro es el aire indestructible que sirve de montura para la luz clara ejemplar última y que aparece bajo el aspecto del cuerpo de una Deidad. Se dice que es impuro porque cuando lo alcanzamos aún no hemos eliminado los engaños por completo.

En el caso de la persona que ha alcanzado la luz clara ejemplar última, cuando al meditar en la vacuidad de manera continua, su luz clara cualificada, que es gran gozo, comprende de manera directa la vacuidad, este gran gozo es la luz clara significativa. Es asimismo la unión del gozo y la vacuidad del Mahamudra, y su inicio es el camino de la visión según el tantra del yoga supremo.

Cuando surgimos de la meditación estabilizada de la luz clara significativa, alcanzamos el cuerpo ilusorio puro. Este es el aire indestructible que es la montura de la luz clara significativa y aparece bajo el aspecto del cuerpo de una Deidad. Se denomina *puro* porque en ese momento se han eliminado todas la perturbaciones mentales.

En el tantra, el camino de la visión tiene la capacidad de eliminar las perturbaciones mentales adquiridas intelectualmente y las innatas de manera simultánea. Esto se debe a que el camino de la visión del tantra es mucho más elevado que el camino de la visión del sutra.

Cuando la persona que ha alcanzado el cuerpo ilusorio puro medita en la vacuidad de manera convergente, se manifiesta la luz clara significativa en su continuo mental. En ese momento alcanza la realización de la unión del cuerpo ilusorio puro y la luz clara significativa. Esta realización se denomina la *unión que necesita aprendizaje*.

Al poco tiempo, el cuerpo ilusorio puro que es una parte de esta unión que necesita aprendizaje se convertirá en el cuerpo de un Buda, y la luz clara significativa que es la otra parte de esta unión, en la mente de un Buda. Entonces la persona habrá alcanzado la Unión de la Budeidad, el estado de la iluminación.

La unión que se denomina *estado de Unión de Heruka* debe comprenderse como la unión de la apariencia y la vacuidad. Así pues, todo el mandala soporte de Heruka y su contenido es apariencia, y la vacuidad de la mente de Heruka –el *Dharmakaya*– es vacío. Esta apariencia y vacuidad son no duales, uno solo, como dos espacios que se funden el uno con el otro. Esta es la unión de la apariencia y la vacuidad. Cuando alcancemos una realización que comprende y experimenta esta unión de manera directa, habremos logrado el estado de la Unión de Heruka, que es la Unión de No Más Aprendizaje.

En la práctica en sí del Mahamudra, cuando se medita en la etapa de consumación hay dos tradiciones para penetrar el cuerpo vajra. Según la primera, se penetra el cuerpo vajra principalmente con la meditación del fuego interno o tummo en el interior del canal central a la altura del ombligo. El venerable Milarepa y muchos otros grandes meditadores siguieron esta tradición.

Según la segunda tradición, como se ha expuesto, para penetrar el cuerpo vajra meditamos principalmente en el canal central a la altura del corazón, la gota indestructible y el aire y la mente indestructibles en el interior del canal central en el corazón. Esta es la instrucción especial de Yhe Tsongkhapa que practicaron el gran *Mahasidha* Dharmavajra y sus discípulos. Este linaje ha prosperado de manera continua como el linaje oral de Ganden.

¿En qué se diferencian las dos tradiciones? La diferencia estriba en que al meditar en el canal central a la altura del ombligo y en el tummo, los aires internos entran, permanecen y se disuelven en el canal central y, debido a ello, generamos la luz clara del gran gozo. Sin embargo, esta meditación no tiene poder para desatar los nudos del canal del corazón, por lo que no podemos generar una realización de una luz clara totalmente cualificada. Para generar dicha realización siguiendo esa tradición es necesario practicar con un *mudra* de acción para desatar los nudos del canal del corazón.

Al meditar en el canal central en el corazón y la gota indestructible y el aire y la mente indestructibles en el interior del canal central en el corazón como se ha expuesto, no solo podemos generar la luz clara del gozo, sino que por el poder de esta meditación se desatarán los nudos del canal del corazón, por lo que alcanzaremos una luz clara totalmente cualificada. Entonces no necesitaremos practicar con un mudra de acción para desatar los nudos del canal del corazón y alcanzaremos la Unión de la Budeidad muy rápidamente.

La meditación en el aire y la mente indestructibles tal y como se ha expuesto tiene muchas bendiciones. Gracias a ella, todos los aires internos de los canales derecho e izquierdo se disolverán en la gota indestructible en el interior del canal central en el corazón y desatarán por completo los nudos del canal del corazón. Así pues, esta meditación es la instrucción magistral y el método supremo para lograr nuestra meta última. ¡Qué afortunados somos de tener la oportunidad de adiestrarnos en esta práctica! En la cuarta parte de este libro, en el apartado sobre la etapa de la bendición del yo, se puede encontrar una exposición detallada de esta práctica.

SEGUNDA PARTE:
Cientos de Deidades de la Tierra Gozosa según el tantra del yoga supremo

EL YOGA DEL GURU YHE TSONGKHAPA
COMO PRÁCTICA PRELIMINAR DEL MAHAMUDRA

Doryhechang Kelsang Gyatso Rimpoché

Cientos de Deidades de la Tierra Gozosa según el tantra del yoga supremo

EL YOGA DEL GURU YHE TSONGKHAPA COMO PRÁCTICA PRELIMINAR DEL MAHAMUDRA

Aquí, *Guru* se refiere al Guía Espiritual que nos conduce por el camino espiritual correcto y que nos muestra un buen ejemplo. Si seguimos el camino espiritual correcto, podremos alcanzar todas nuestras metas temporales y últimas. En este contexto, *yoga* significa 'la práctica ritual que consiste en confiar en el Guía Espiritual de una manera especial'. Puesto que la raíz de todas las realizaciones espirituales del sutra y del tantra es confiar con pureza en el Guía Espiritual, la práctica del yoga del Guru es un adiestramiento esencial en el budismo.

Muchas personas tienen dificultades para concentrarse en el significado de las oraciones cuando las recitan en voz alta porque el sonido interfiere en la concentración. Por lo tanto, hemos de acostumbrarnos a recitar las oraciones mentalmente, de corazón, sin emitir ningún sonido, para lo cual es preciso que memoricemos las oraciones que hagamos a diario.

CÓMO PRACTICAR ESTE YOGA DEL GURU

Visualización

Ante mí en el espacio aparece mi Guru raíz, Guru Sumati Buda Heruka, rodeado de todos los Budas de las diez direcciones.

Al mismo tiempo que recitas este verso contempla su significado y luego con intensa fe medita durante un rato en la asamblea de los objetos de refugio y los Seres de Compromiso del campo de méritos.

Toma de los votos del refugio mahayana

¡Oh, Gurus, Budas y Bodhisatvas, por favor, escuchadme!
Yo y todos los maternales seres sintientes, infinitos como el espacio,
de ahora en adelante hasta que alcancemos la iluminación,
nos refugiamos en las Tres Gemas Preciosas –Buda, el Dharma y la Sangha–. (x3)

Recita esta oración tres veces y haz la siguiente promesa de corazón: «De ahora en adelante hasta que alcance la iluminación solo me ampararé y confiaré en Buda, el Dharma y la Sangha como mi refugio último». De este modo tomas los votos del refugio Mahayana.

Toma del voto del Bodhisatva según el tantra del yoga supremo

Por el beneficio de todos los maternales seres sintientes
voy a convertirme en la Deidad Maestra
y entonces conduciré a todo ser sintiente
al estado supremo de la Deidad Maestra. (x3)

Recita esta oración tres veces al mismo tiempo que contemplas su significado y haces esta promesa con sinceridad. De este modo generas la mente de bodhichita y tomas el voto del Bodhisatva según el tantra del yoga supremo.

Invocación a los Seres de Sabiduría

Del corazón del Protector de los cientos de Deidades de la Tierra Gozosa,

a la cima de una nube cual cúmulo de blanco requesón fresco,
Omnisciente Losang Dragpa, Rey del Dharma,
tú y tus Hijos, acudid, por favor, a este lugar.

Al recitar esta estrofa contemplas que invitas a los Seres de Sabiduría, el Rey del Dharma, el Omnisciente Yhe Tsongkhapa, rodeado de los Budas de las diez direcciones, a que acudan desde la esfera del espacio infinito del gozo y la vacuidad en el corazón del Protector Buda Maitreya, que mora en el paraíso puro de la Tierra Gozosa. Todos ellos se disuelven en los Seres de Compromiso que se encuentran ante ti en el espacio y piensa que los Seres de Sabiduría y los Seres de Compromiso se funden de manera inseparable.

Súplica

Ante mí en el espacio, sobre un trono sostenido por leones, sobre un loto y una luna,
el venerable maestro sonríe con deleite.
¡Oh, campo supremo de méritos para mi mente de fe!,
por favor, permanece durante cientos de eones para difundir la doctrina.

Al recitarlo estás haciendo la siguiente súplica: «¡Oh, Venerable Guía Espiritual!, donde sea que me encuentre, por favor, aparece ante mí en el espacio y con deleite permanece durante cien mil eones como el campo donde pueda sembrar las semillas de la fe y como mi objeto para poder reunir la acumulación de méritos».

Las siete ramas

Postración

Tu mente de sabiduría realiza los objetos de conocimiento en toda su dimensión,

tu palabra elocuente es el ornamento del oído del afortunado,
tu hermoso cuerpo resplandece con la gloria de la celebridad.
Ante ti, que verte, oírte y recordarte es tan significativo, me postro.

Al recitar esta estrofa piensa con intensidad que te estás postrando ante innumerables objetos de refugio durante incontables eones con innumerables cuerpos que has emanado por medio de la imaginación correcta y al mismo tiempo recuerda su bondad y buenas cualidades.

Ofrendas

Ofrendas exquisitas de agua, multitud de flores,
incienso de dulce fragancia, luces, agua perfumada y otros obsequios,
una vasta nube de ofrendas dispuestas e imaginadas,
a ti te ofrezco, ¡oh, campo supremo de méritos!

Contemplas y piensas que todos los mundos son tierras de Buda totalmente puras, colmadas de abundantes ofrendas externas, internas y secretas creadas por medio de la concentración –nubes inconcebibles de ofrendas completamente puras que cubren el suelo y llenan todo el espacio– e imaginas que realizas estas ofrendas durante incontables eones al campo supremo de méritos, la asamblea de las Deidades de Guru Sumati Buda Heruka.

Purificación

Todas las malas acciones de cuerpo, palabra y mente
que he acumulado desde tiempo sin principio,
y, en particular, las transgresiones de mis tres votos,
las confieso con mucho arrepentimiento desde lo más profundo de mi corazón.

Suplicas e imploras a Guru Sumati Buda Heruka: «Confieso con mucho arrepentimiento y una promesa firme todas las malas acciones, caídas morales y transgresiones de compromisos que he acumulado con mi cuerpo, palabra y mente a lo largo de mis incontables vidas hasta ahora. ¡Oh, Protector!, por el poder de tu compasión, por favor, bendíceme para que las purifique ahora mismo». Realiza esta contemplación una y otra vez desde lo más profundo del corazón para hacer la purificación.

Regocijo

En esta era de degeneración te esforzaste por aprender y realizarte.
Al abandonar las ocho preocupaciones mundanas extrajiste el significado de tus dones y libertades.
¡Oh, Protector!, desde lo más profundo de mi corazón
me regocijo de tu gran oleada de obras.

Haces esta promesa: «¡Oh, venerable Guru!, me regocijo desde lo más profundo del corazón de tus diestras obras por medio de las cuales guías a tantos seres afortunados al estado de la Unión de la iluminación y prometo que llegaré a ser como tú».

Súplica para que gire la rueda del Dharma

De las onduladas nubes de sabiduría y compasión
en el espacio de vuestros Cuerpos de la Verdad,
¡oh, venerables y sagrados maestros!,
enviad, por favor, una lluvia de vasto y profundo Dharma apropiado para los discípulos de este mundo.

Suplicas: «¡Oh, venerable Guru!, de las onduladas nubes de sabiduría y compasión en el espacio de tu Cuerpo de la Verdad, el Dharmakaya, emana, por favor, innumerables Guías Espirituales por todo el mundo según las necesidades de los discípulos y envía, por favor, una lluvia de vasto y profundo Dharma del linaje oral de Ganden para innumerables discípulos».

Súplica para que los Guías Espirituales no pasen al más allá

De tu verdadero cuerpo inmortal, nacido de la luz clara significativa,
envía, por favor, incontables emanaciones por todo el mundo
para que difundan el linaje oral de la doctrina de Ganden,
y que permanezcan durante mucho tiempo.

Realizas de manera convergente esta súplica: «¡Oh, Protector!, aunque tu Cuerpo de la Unión, que ha surgido de la luz clara significativa, no muere, las diferentes clases de Guías Espirituales que emanas como seres ordinarios no son inmortales. A ellos les suplico que no pasen al más allá, sino que permanezcan con nosotros hasta el final del samsara».

Dedicación

Que gracias a las virtudes que aquí he acumulado,
la doctrina y todos los seres sintientes reciban todo beneficio,
y, en especial, que la esencia de la doctrina
del venerable Losang Dragpa brille eternamente.

Dedicas todas las virtudes que tú y los demás seres habéis acumulado hasta ahora para el beneficio de la doctrina y de todos los seres sintientes y, en particular, para que la esencia de la doctrina de Yhe Tsongkhapa, las instrucciones y la práctica del linaje oral de Ganden, prosperen y se difundan por todo el mundo.

Ofrecimiento del mandala

Haz el ofrecimiento largo o corto del mandala a Guru Sumati Buda Heruka y a su asamblea de Deidades.

OM VAJRA BHUMI AH HUM
la grandiosa y poderosa base de oro,
OM VAJRA REKHE AH HUM
rodeada en su confín por el vallado férreo.
En el centro el Monte Meru, rey de las montañas,
y a su alrededor los cuatro continentes:
en el este Purvavideha, en el sur Yhambudipa,
en el oeste Aparagodaniya, y en el norte Utarakuru.
Cada uno tiene dos subcontinentes:
Deha y Videha, Tsamara y Abatsamara,
Satha y Utaramantrina, Kurava y Kaurava.
La montaña de joyas, el árbol que colma los deseos,
la vaca que colma los deseos y la cosecha sin cultivar.
La rueda preciosa, la joya preciosa,
la reina preciosa, el ministro precioso,
el elefante precioso, el supremo caballo precioso,
el general precioso y la gran vasija de los tesoros.
La diosa de la belleza, la diosa de las guirnaldas,
la diosa de la música, la diosa de la danza,
la diosa de las flores, la diosa del incienso,
la diosa de la luz y la diosa del perfume.
El sol y la luna, la sombrilla preciosa
y la bandera de la victoria en todas las direcciones.
En el centro, todos los tesoros humanos y divinos.
Esta magnífica colección que no carece de nada
os la ofrezco a ti, mi bondadoso maestro raíz, a los maestros del linaje
y a todos los gloriosos y sagrados Gurus,
y en especial a ti, Guru Sumati Buda Heruka y a tu séquito.
Aceptadla con compasión por los seres migratorios

y, tras haberla aceptado, conceded, por favor, con gran compasión,
vuestras bendiciones a todos los seres que llenan el espacio.

Os ofrezco esta base con flores y ungida de incienso,
con el Monte Meru, los cuatro continentes, el sol y la luna,
percibida como una tierra pura de Buda.
Que todos los seres puedan disfrutar de una tierra pura.

Aceptad, por favor, los objetos de mi apego, odio e ignorancia,
mi amigo, enemigo y desconocido, así como mi cuerpo y posesiones,
que sin sentimiento de pérdida os ofrezco.
Y bendecidme para que me libere de los tres venenos mentales.

IDAM GURU RATNA MANDALAKAM NIRIATAYAMI

Realizas el ofrecimiento del mandala con intensa fe: transformas por medio de la imaginación correcta todo el universo en una tierra pura de Buda y lo ofreces a la asamblea de las Deidades de Guru Sumati Buda Heruka y a su séquito.

Recitación de la oración de súplica de *Migtsema* según el tantra del yoga supremo

¡Oh, Guru Sumati Buda Heruka!, síntesis de los tres linajes en uno,
te suplico que disipes mis obstáculos externos e internos,
hagas madurar mi continuo mental, me liberes de la apariencia dual
y me bendigas para que sin esfuerzo pueda beneficiar a todos los seres sintientes.

En este contexto, los tres linajes *se refieren al cuerpo, la palabra y la mente de todos los Budas.*

Recita esta oración de súplica de Migtsema *siete veces o más.*

Según la tradición, has de recitar con fe intensa al menos cien mil veces esta oración de súplica de Migtsema *al mismo tiempo que contemplas su significado. De este modo recibirás poderosas bendiciones.*

Súplica al Señor de Todos los Linajes

Oración de súplica para la práctica del Lamrim, el Loyong, la etapa de generación y la etapa de consumación

Sin ninguna distracción, debes concentrarte en el significado de la siguiente oración.

Suplica de corazón y anímate a ti mismo a practicar todas y cada una de las etapas del sutra y del tantra, y toma la firme determinación de alcanzar la verdadera realización de cada una de ellas.

Has de practicar de este modo cada día; no hay nada más significativo que esto. Por favor, guarda este consejo en el corazón.

¡Oh, venerable Vencedor Losang Dragpa!,
eres el Glorioso Señor de todos los linajes, Heruka,
en cuyo cuerpo moran todos los Budas, sus mundos
y sus séquitos,
te suplico, por favor, concédeme tus bendiciones.

Mi bondadoso, precioso Guru raíz,
que eres inseparable de Heruka,
en cuyo gran gozo todos los fenómenos se funden en uno,
te suplico, por favor, concédeme tus bendiciones.

Puesto que la raíz de todos los logros espirituales
es confiar con pureza en el Guía Espiritual,
por favor, concédeme ahora las profundas bendiciones

de tu cuerpo, palabra y mente
en mi cuerpo, palabra y mente.

Movido por su gran bondad, Yhe Tsongkhapa presentó
todas las enseñanzas de Buda del sutra y el tantra como
instrucciones prácticas.
No obstante, la gran buena fortuna de haber encontrado
el Dharma sagrado, la doctrina de Buda,
puede que solo la disfrute en esta vida.

Además, mi respiración es como neblina a punto de
desvanecerse,
y mi vida, como la llama de una vela a punto de que la
apague el viento.
Puesto que nada puede garantizarme que hoy no me vaya
a morir,
ahora es el único momento para dar verdadero sentido
a mi vida humana, alcanzar la iluminación.

En mis incontables vidas pasadas he acumulado diversas
clases de acciones perjudiciales
y, como resultado, tendré que experimentar el intolerable
sufrimiento de renacimientos inferiores durante
muchos eones.
Puesto que esta situación es insoportable, me refugio
con sinceridad
en Buda, el Dharma y la Sangha desde lo más profundo
del corazón.

Me voy a esforzar con sinceridad
para recibir las bendiciones de Buda,
obtener ayuda de la Sangha –los practicantes espirituales
puros–
y practicar el Dharma con pureza.

Si me adiestro en esta práctica de manera continua,
lograré el verdadero refugio en mi mente
–las realizaciones del Dharma sagrado–,

que me liberan para siempre de todos los problemas y sufrimientos.

La causa del sufrimiento son las acciones perjudiciales,
y la causa de la felicidad, las acciones virtuosas.
Puesto que esto es totalmente cierto,
con toda firmeza voy a abandonar las primeras y a practicar las segundas.

Al igual que confundir
una bebida venenosa con néctar,
el apego con aferramiento a los objetos de deseo
es causa de grandes peligros.

En el ciclo de vidas impuras, el samsara,
no hay verdadera protección del sufrimiento,
Donde sea que nazca, bien como un ser inferior o uno elevado,
solo experimentaré sufrimiento.

Si se amontonara la carne y los huesos de todos los cuerpos que he tenido en el pasado, formaría un cúmulo tan grande como el Monte Meru,
y si reuniera la sangre y los fluidos corporales, sería como el más profundo de los océanos.
Aunque he tenido incontables cuerpos como los de Brahma, Indra, monarcas chakravatines, dioses y seres humanos ordinarios,
ninguno de ellos me ha aportado sentido ya que aún continúo sufriendo.

Si tras haber nacido en los infiernos y bebido cobre fundido, como insectos cuyos cuerpos se convierten en lodo,
y como perros, puercos y otros animales que comieron tanta inmundicia como para cubrir toda la tierra,
y si, como suele decirse, la cantidad de lágrimas que he derramado por todo este sufrimiento es infinitamente mayor que un océano,

y aún no siento desconsuelo ni miedo, ¿acaso tengo una mente de hierro?

Con este entendimiento, voy a esforzarme de manera continua para cesar los renacimientos en el samsara
esforzándome por abandonar de manera permanente su raíz, la ignorancia del aferramiento propio.
Con esta mente de renuncia, voy a abrir la puerta del camino a la liberación
y voy a esforzarme en practicar los tres adiestramientos superiores, la síntesis de todos los caminos.

Con mi mente, como un magnífico caballo que se dirige hacia tierras más altas,
guiado por las riendas del Dharma de los tres adiestramientos superiores
y apremiado a avanzar con la fusta del esfuerzo intenso,
ahora viajaré con rapidez por el camino a la liberación.

Los maternales seres sintientes, que me han cuidado con tanta bondad,
se están ahogando en el terrible océano del samsara.
Si no pienso en su lamentable sufrimiento,
sería como un niño cruel y sin corazón.

Puesto que a lo largo de todas mis vidas, desde el sin principio hasta ahora, la raíz de todo el sufrimiento ha sido mi mente de estimación propia,
debo expulsarla de mi corazón, arrojarla lejos y estimar solo a los demás seres sintientes.
Así pues, voy a completar mi práctica de cambiarme por los demás.
¡Oh, mi precioso Guru!, por favor, concédeme tus bendiciones para que pueda completar esta profunda práctica.

Para liberar de manera permanente a todos los seres sintientes, mis madres,

del sufrimiento y la apariencia equívoca,
voy a alcanzar la Unión del estado de la iluminación
por medio de la práctica de las seis perfecciones.

Al eliminar por completo las distracciones de mi mente,
observar y mantener de manera convergente un solo objeto de meditación con retentiva mental
e impedir que surjan los obstáculos del hundimiento y la excitación mentales,
controlaré mi mente con una meditación clara y gozosa.

Las apariencias de mis sueños me enseñan
que las apariencias del estado de vigilia no existen;
así pues, para mí, todas mis apariencias oníricas
son la instrucción suprema de mi Guru.

Los fenómenos que normalmente veo o percibo
son engañosos –creados por mentes equívocas–.
Si busco la realidad de lo que veo,
no existe nada ahí –solo percibo un vacío como el espacio–.

Cuando indago con el ojo de mi sabiduría
todas las cosas que normalmente veo desaparecen
y solo quedan sus meros nombres.
Con este mero nombre simplemente acepto todo para poder comunicarme con los demás.

Sólo así existen los fenómenos.
Guru Padre Yhe Tsongkhapa lo aclaró siguiendo la intención de Nagaryhuna.
Así pues, la visión correcta de la vacuidad libre de los dos extremos
es sumamente profunda.

Tras haber adquirido experiencia de los caminos comunes,
el ser principal de la tierra pura de Akanishta, Vajradhara Heruka,
aparece ahora en este mundo como una emanación de Heruka

bajo el aspecto de mi Guru raíz
que me ha conducido al interior del gran mandala del cuerpo de Heruka
y me ha conferido las cuatro iniciaciones para que madure mi continuo mental.
Así pues, me he convertido en un gran ser afortunado que tiene la oportunidad de alcanzar en esta vida
la Unión de Heruka al lograr el No Más Aprendizaje, el estado de la iluminación.

La bondad de Guru Heruka Padre y Madre es inconcebible
y la bondad de mi Guru raíz es inconcebible.
Gracias a esta buena fortuna y por el poder de mi imaginación correcta,
ahora resido en el gran mandala de Heruka, cuya naturaleza es la de mi cuerpo burdo purificado.

Soy la Deidad iluminada Heruka,
cuya naturaleza es la de mi gota blanca indestructible purificada,
con mi consorte Vajravarahi,
cuya naturaleza es la de mi gota roja indestructible purificada.
Estoy rodeado de las Deidades Bodhisatvas, los Héroes y las Heroínas,
cuya naturaleza es la de mis canales y gotas purificados.
Al disfrutar del gran gozo y la vacuidad de todos los fenómenos he pacificado todas las apariencias y concepciones ordinarias,
y así he alcanzado el verdadero significado de la vida humana.

Tras haberme generado como Heruka con consorte,
medito brevemente en mi cuerpo que es hueco y vacío como el espacio.
En su interior está mi canal central que tiene cuatro características.

Dentro del canal central, en el centro de los ocho pétalos de la rueda de canales del corazón
se encuentra la unión de mi gota indestructible blanca y roja, del tamaño de un pequeño guisante,
que es muy clara e irradia luces de cinco colores.
En su interior se encuentra mi aire indestructible bajo el aspecto de una sílaba HUM,
que es el verdadero Glorioso Heruka.
Mi mente entra en la HUM y se funde con ella como agua vertida en agua.
Mantengo esta HUM, que es mi aire indestructible y Heruka, con retentiva mental y medito en ella de manera convergente.

Al estabilizar esta meditación, el movimiento de mis aires internos y concepciones cesarán.
Así pues, percibiré una luz clara totalmente cualificada.
Al completar la práctica de esta luz clara
alcanzaré la auténtica Unión del Gran Keajra, el estado de la iluminación.
Esta es la gran bondad de Guru Heruka;
¡que me convierta en un ser como tú!

Bendiciones

¡Oh, Glorioso y precioso maestro raíz!,
siéntate, por favor, sobre el asiento de loto y luna en mi corazón.
Cuida de mí con tu gran benevolencia
y concédeme las bendiciones de tu cuerpo, palabra y mente.

Como resultado de esta súplica, todos los Budas de las diez direcciones que se encuentran ante mí en el espacio se funden en luz y se disuelven en el venerable Guru Tsongkhapa. Él, a su vez, se funde en luz y se disuelve en Buda Shakyamuni en su corazón. Luego, Buda Shakyamuni se funde en luz y se disuelve en Heruka en su corazón.

Con gran deleite, Guru Heruka viene hacia mi coronilla y se detiene en el canal central en el centro de la rueda de canales de mi coronilla. De su cuerpo irradian rayos de luz que bendicen los canales, los aires y las gotas de mi coronilla.

¡Oh, Glorioso y precioso maestro raíz!,
siéntate, por favor, sobre el asiento de loto y luna en mi corazón.
Cuida de mí con tu gran benevolencia
y confiéreme las realizaciones comunes y supremas.

Como resultado de esta súplica, Guru Heruka desciende hasta mi garganta y se detiene en el canal central en el centro de la rueda de canales de mi garganta. De su cuerpo irradian rayos de luz que bendicen los canales, los aires y las gotas de mi garganta.

¡Oh, Glorioso y precioso maestro raíz!,
siéntate, por favor, sobre el asiento de loto y luna en mi corazón.
Cuida de mí con tu gran benevolencia
y permanece firme hasta que alcance la esencia de la iluminación.

Como resultado de esta súplica, Guru Heruka desciende hasta mi corazón y permanece en el canal central en el centro de la rueda de canales de mi corazón. De su cuerpo irradian rayos de luz que bendicen los canales, los aires y las gotas de mi corazón.

Luego, la mente de luz clara de gran gozo de Guru Heruka se funde con mi mente y devienen no duales, de una misma naturaleza. Como resultado, mi mente adquiere la naturaleza de la mente de luz clara de gran gozo de Heruka.

Medita durante un rato en tu mente, que es la luz clara del gran gozo de la mente de Heruka lograda por medio de la imaginación correcta, y mantenla de manera convergente sin olvidarla.

Luego, con un sentimiento de gran dicha realiza la práctica en sí del Mahamudra con el siguiente adiestramiento como se ha expuesto con anterioridad:

1. *Meditación en la permanencia apacible tras haber identificado nuestra propia mente.*
2. *Meditación en la visión superior tras haber comprendido la vacuidad.*
3. *Meditación en el canal central, el yoga del canal central.*
4. *Meditación en la gota indestructible, el yoga de la gota.*
5. *Meditación en el aire indestructible, el yoga del aire.*

Dedicación

Que durante todas mis vidas, bajo el cuidado
del Vencedor Tsongkhapa como mi maestro mahayana,
nunca me aleje, ni por un instante,
de este excelente camino alabado por los Vencedores.

Que gracias a las prácticas de la disciplina moral, amplia escucha,
el adiestramiento en la bodhichita, la visión pura, la conducta pura y demás prácticas,
que yo y todos los seres sintientes practiquemos con pureza y de manera inequívoca
la doctrina del Vencedor Losang Dragpa.

Colofón: Esta sadhana o ritual de oraciones para alcanzar realizaciones espirituales ha sido recopilada a partir de fuentes tradicionales por el venerable Gueshe Kelsang Gyatso Rimpoché y traducida bajo su compasiva guía, 2015.

TERCERA PARTE:
La nueva esencia del vajrayana

PRÁCTICA DE AUTOGENERACIÓN DEL MANDALA CORPORAL DE HERUKA, UNA INSTRUCCIÓN DEL LINAJE ORAL DE GANDEN

Mesa del practicante con la ofrenda interna, el vajra y la campana, el damaru, la bumpa o vasija de acción y el mala

La nueva esencia del vajrayana

PRÁCTICA DE AUTOGENERACIÓN DEL MANDALA CORPORAL DE HERUKA, UNA INSTRUCCIÓN DEL LINAJE ORAL DE GANDEN

INTRODUCCIÓN

Debemos saber que, por lo general, cuando Buda confería iniciaciones, se manifestaba como Vajradhara, pero cuando confirió la iniciación de Heruka, apareció como dicha Deidad. Esto indica que Vajradhara, Heruka y Buda Shakyamuni son una misma persona, aunque tienen diferentes aspectos y ejercen distintas funciones.

Es bien conocido que las instrucciones sobre cómo practicar las etapas de generación y de consumación del mandala corporal de Heruka y las de Vajrayoguini son más profundas que las instrucciones sobre cómo practicar las etapas de generación y de consumación de otras Deidades tántricas, como Guhyasamayha y Yamantaka. Así pues, las prácticas del mandala corporal de Heruka y las de Vajrayoguini constituyen la esencia misma del yoga del tantra supremo.

En las escrituras se dice que a medida que los tiempos degeneran espiritualmente cada vez más, los practicantes requerirán más tiempo para recibir bendiciones de las Deidades tántricas. En general es cierto, pero en el caso de las Deidades tántricas Heruka y Vajrayoguini ocurre lo contrario. A medida que los tiempos degeneran más, recibiremos con mayor celeridad las bendiciones y el cuidado especial de Heruka y Vajrayoguini y, gracias a ello, alcanzaremos realizaciones con facilidad y rapidez. Esto se debe a que las personas de este mundo tienen una conexión especial con Heruka y Vajrayoguini.

En este mundo hay veinticuatro lugares sagrados de Heruka, como Puliramalaya, Dzsalendhara, etcétera, incluido el monte Kailash. En cada uno de ellos, en la tierra aparece un mundo humano, y en el cielo, el mundo de Heruka, su mandala. Practicantes como Milarepa han visto de manera directa el mandala de Heruka en dichos lugares. Además, los Héroes y las Dakinis que son emanaciones de Heruka y Vajrayoguini existen por doquier en este mundo y los seres humanos reciben sus bendiciones y su cuidado especial. Estos hechos son indicaciones claras de que los seres humanos de este mundo tenemos una conexión especial con las Deidades iluminadas Heruka y Vajrayoguini.

Con este entendimiento debemos regocijarnos de nuestra buena fortuna y animarnos a nosotros mismos a practicar los caminos comunes –el adiestramiento en la renuncia, el buen corazón supremo de la bodhichita y la visión correcta de la vacuidad– y los caminos extraordinarios –el adiestramiento en las etapas de generación y de consumación del mandala corporal de Heruka o en las de Vajrayoguini–. De este modo podemos alcanzar la meta última de la vida humana.

Para una exposición más detallada de este tema véase la introducción a la sadhana extensa titulada Esencia del vajrayana.

PRÁCTICA DE LAS PRELIMINARES

Refugio y bodhichita

Ante mí en el espacio aparece Heruka Padre y Madre,
inseparable de mi Guru raíz,
rodeado de un número infinito de objetos de refugio,
una asamblea de Gurus, Deidades iluminadas, Tres Joyas preciosas y Héroes y Heroínas Bodhisatvas.

Medita en esta vasta asamblea de objetos de refugio con fe admirativa, fe creyente y fe desiderativa. La naturaleza de la fe admirativa es regocijo –el regocijo en la pureza completa de los seres iluminados–; la naturaleza de la fe creyente es creencia correcta –la creencia de que la asamblea de los seres iluminados está realmente presente ante ti–, y la naturaleza de la fe desiderativa es deseo –el deseo de llegar a ser como ellos–.

Voy a refugiarme para siempre
en Buda, el Dharma y la Sangha.
Para beneficiar a todos los seres
voy a alcanzar el estado de Heruka. (x3)

Pon la atención en el número infinito de objetos de refugio, refúgiate en ellos y genera bodhichita según el tantra.

Purificación de mi cuerpo, palabra y mente

No percibo nada más que la vacuidad.
Del estado del gozo y la vacuidad aparezco como Heruka.
Mi cuerpo es azul, tengo un rostro y dos manos
con las que sostengo un vajra y una campana, y abrazo a Vajravarahi.
Estoy de pie con la pierna derecha extendida.

Vajrasatva con consorte

Con esta contemplación, por medio de la creencia correcta purificas tu cuerpo, palabra y mente al transformarlos en el cuerpo, la palabra y la mente de Heruka.

Purificación de todos los lugares, los disfrutes y las actividades

De la sílaba HUM en mi corazón irradian rayos de luz
que purifican por completo todos los mundos y a los seres que habitan en ellos.
Todo deviene de una pureza inmaculada,
repleto de una gran gala de ofrendas que confieren un gozo no contaminado.

Piensa con certeza e intensidad que, por medio de la imaginación correcta, todos los lugares, los disfrutes y las actividades se purifican por completo y confieren de manera natural un gozo no contaminado.

Purificación de las acciones perjudiciales y las obstrucciones

Visualización

Sobre mi coronilla, sobre un asiento de luna, en el centro de un loto de ocho pétalos está sentado Guru Vajrasatva con su consorte, que es uno de manera inseparable con todos los Budas de las diez direcciones. Su cuerpo es de luz blanca y me contempla con una mirada compasiva.

Medita brevemente en esta visualización.

Súplica

¡Oh, Guru Vajrasatva!, eres mi único refugio. Por favor, purifica de manera permanente todas mis acciones perjudiciales, caídas morales y apariencias y concepciones ordinarias. (x3)

Heruka de doce brazos

Al mismo tiempo que te concentras en el significado de esta súplica, recita el siguiente mantra veintiuna, cien o más veces:

OM VAJRASATVA SARVA SIDHI HUM

En respuesta a mi súplica, Vajrasatva Padre y Madre se funden en luz blanca, entran por mi coronilla y se disuelven en la oscuridad interna de mis acciones perjudiciales, caídas morales y apariencias y concepciones ordinarias en mi corazón. Mis acciones perjudiciales, caídas morales y apariencias y concepciones ordinarias se purifican para siempre.

Medita brevemente en esta creencia.

La práctica del yoga del Guru, la entrada para recibir bendiciones

Visualización del campo de méritos, los Seres de Compromiso

En el espacio ante mí, de pie sobre un loto, un sol y demonios coléricos,
está mi Guru raíz Heruka.
Su cuerpo es de luz de sabiduría azul oscuro, como una montaña de lapislázuli.
Tiene cuatro rostros, que, desde el frente hacia su izquierda, son de color azul, verde, rojo y amarillo, respectivamente.

Con los dos brazos principales abraza a la Madre, con una mano sostiene un vajra, y con la otra, una campana.
Por debajo, de manera sucesiva, con dos manos sostiene una piel de elefante;
con otras dos, un damaru y una khatanga; con otras dos, un hacha y un cráneo rebosante de sangre;
con otras dos, un cuchillo curvo y un lazo vajra, y con otras

dos, un tridente y una cabeza de Brahma
de cuatro rostros.

Muestra las nueve actitudes y lleva seis ornamentos
de hueso.
Su coronilla está adornada con una media luna y
un doble vajra.
Lleva un collar de cabezas humanas, y en la parte inferior
de su cuerpo viste una piel de tigre.
Está de pie con la pierna derecha extendida, en medio
de un fuego ardiente.

Vajravarahi es de color rojo y está adornada con cinco
ornamentos de hueso.
Sostiene un cuchillo curvo y un cráneo, y está abrazada
en unión con el Padre.
Los cuatro elementos, el Monte Meru y la mansión celestial
son de la naturaleza del cuerpo de Heruka.

En el centro, dentro de la rueda de canales del corazón,
sus gotas blanca y roja aparecen como Heruka y
Vajravarahi abrazados,
los canales cual pétalos de los elementos en las cuatro
direcciones aparecen como las cuatro Yoguinis,
y los canales cual pétalos en las direcciones intermedias,
como cráneos rebosantes de néctar.

En los veinticuatro lugares, en las partes superior, media
e inferior de su cuerpo,
los canales huecos y las gotas que contienen
son los veinticuatro Héroes, cuya naturaleza es la de las
gotas,
que abrazan a las veinticuatro Heroínas, cuya naturaleza
es la de los canales.
Los canales en las puertas de sus sentidos son las ocho
Diosas de las entradas.
Están rodeados de una asamblea de Gurus, Deidades,
Tres Joyas, Héroes, Dakinis y Protectores del Dharma.

Sus tres lugares –la coronilla, la garganta y el corazón–
están marcados con las tres sílabas –OM, AH, HUM–.
Rayos de luz irradian de la sílaba HUM e invitan a la
asamblea de los Seres de Sabiduría.
Los Seres de Sabiduría devienen inseparables de los Seres
de Compromiso.

Postración

A medida que se incrementa la impureza de los tiempos,
tu poder y bendiciones aumentan,
y cuidas de nosotros con prontitud, veloz como
el pensamiento;
¡Oh, Heruka Padre y Madre!, ante ti me postro.

Ofrendas externas, interna, secreta y de la talidad

Nubes de ofrendas externas, las ocho ofrendas y las
sustancias auspiciosas,
una gran gala de ofrendas internas de las diez sustancias
purificadas, transformadas e incrementadas,
y una multitud de Dakinis consortes que confieren el gran
gozo espontáneo:
todo esto os ofrezco en el estado de vuestra mente suprema
de la bodhichita última.

Purificación

En la esfera de la luz clara de la vacuidad, purificad,
por favor,
todas las acciones perjudiciales y caídas morales de
mis tres puertas,
que he cometido desde tiempo sin principio al vagar
por el samsara,
engañado por el aferramiento a los objetos tal y como
aparecen.

Súplica para que gire la Rueda del Dharma y dedicación

Que gracias a la rueda de las armas afiladas de la sabiduría excelsa del gozo y la vacuidad
que giran por todo el espacio de las mentes de los seres sintientes hasta el final del eón
y extirpan el demonio del aferramiento propio, la raíz del samsara,
que el Heruka definitivo sea victorioso.

Ofrecimiento del mandala

Ofrezco, a los Gurus, las Deidades y las Tres Joyas preciosas
cien millones de los cuatro continentes, el Monte Meru,
el sol y la luna, los siete objetos preciosos y otras ofrendas
–un universo adornado de joyas, con infinitas nubes de ofrendas completamente puras, transformado en una tierra pura de Buda–.
Aceptadlo con compasión y concededme vuestras bendiciones.

IDAM GURU RATNA MANDALAKAM NIRIATAYAMI

Las cuatro iniciaciones

¡Oh, Guru Heruka!, síntesis de las Tres Joyas,
mediante las cuatro iniciaciones profundas
purifica, por favor, las acciones perjudiciales que he cometido con el cuerpo, la palabra y la mente, así como mis obstrucciones de la apariencia dual
y bendíceme para que alcance los cuatro cuerpos de la iluminación. (x3)

Tras haber suplicado de manera convergente de este modo, Vajravarahi y las cuatro Yoguinis, que han sido emanadas, me confieren la iniciación de la bumpa.

Se purifican todas las obstrucciones de mi cuerpo
y estoy capacitado para alcanzar las realizaciones de la
etapa de generación y el Cuerpo de Emanación.

Guru Padre y Madre entran en unión y pruebo su sustancia
secreta.
Se purifican todas las obstrucciones de mi palabra,
mis canales y aires internos,
estoy capacitado para alcanzar la realización del cuerpo
ilusorio de la etapa de consumación
y madura mi potencial de alcanzar la palabra de Buda
y el Cuerpo de Deleite.

Recibo a Vajravarahi como mi consorte.
Al entrar en unión con ella genero las sabidurías excelsas
de los cuatro gozos.
Se purifican todas las obstrucciones de mi mente
y estoy capacitado para alcanzar la etapa de consumación
de la luz clara significativa y el Cuerpo de la Verdad.

Al escuchar la introducción a la Unión
del cuerpo ilusorio último y la luz clara significativa,
mis obstrucciones de la apariencia dual se purifican
y madura mi potencial de alcanzar la Unión de Heruka.

Súplica a los Gurus del linaje

Al revelar el yoga de la Deidad del gran secreto,
guías a los seres afortunados al estado de la Unión en
una vida;
¡oh, Ser Bienaventurado Heruka, Glorioso Padre y Madre!,
te suplico que me concedas la Unión en esta vida.

¡Oh, Mahasidha Ghantapa, Kurmapada,
Dzsalandhara, Krishnapada,
y todos los demás Gurus del linaje de este camino!,
os suplico que me concedáis la Unión en esta vida.

Y, en especial, ¡oh, venerable Ser, mi bondadoso Guru raíz!,
la compasión de todos los Budas
que aparece como el Guía Espiritual que revela el camino completo a la iluminación,
te suplico que me concedas la Unión en esta vida.

Por favor, bendíceme para que genere con rapidez
las realizaciones espontáneas
de todas las etapas del camino
–la renuncia, la bodhichita, la visión correcta y las dos etapas tántricas–.

En resumen, venerable Guru Padre y Madre,
con tus profundas bendiciones que me llegan al corazón,
por favor, bendíceme para que alcance en esta vida
el verdadero estado de la Unión de Heruka.

Logro del gran gozo espontáneo mediante la absorción del Guru en mí

El campo de méritos en su totalidad se absorbe de manera gradual desde sus límites
y se disuelve en mi Guru raíz, Heruka,
que complacido viene a mi coronilla,
desciende por el canal central hasta mi corazón
y se funde de manera inseparable con mi mente en mi corazón.
Experimento la unión del gran gozo espontáneo y la vacuidad.

Medita brevemente en esta unión que has generado por medio de la creencia correcta.

LA PRÁCTICA EN SÍ DE LA AUTOGENERACIÓN

Transformación de la muerte en el camino del Cuerpo de la Verdad, el cuerpo muy sutil de Buda

El mundo y los seres que habitan en él se funden en luz y se disuelven en mi cuerpo. Mi cuerpo también se funde en luz y disminuye poco a poco de tamaño hasta que finalmente se disuelve en la vacuidad. Este proceso es semejante al modo en que todas las apariencia de esta vida se disuelven al morir.

Experimento la luz clara de la muerte, cuya naturaleza es gran gozo. Mi mente, la luz clara del gozo, se funde de manera inseparable con la vacuidad, la mera ausencia de todo lo que normalmente veo. No percibo nada más que la vacuidad, la verdad última. Soy Heruka del Cuerpo de la Verdad.

Cómo meditar en la transformación de la luz clara de la muerte en el camino del Cuerpo de la Verdad

Como ya se ha mencionado, imagina que experimentas la luz clara de la muerte, que es gran gozo, que se funde de manera inseparable con la vacuidad y cree con firmeza que esta unión de gran gozo y vacuidad es el Cuerpo de la Verdad de Heruka.

Luego, al percibir el vasto espacio de la vacuidad del Cuerpo de la Verdad genera y mantén el pensamiento: «Soy Heruka del Cuerpo de la Verdad». Tu mente se transforma en el pensamiento: «Soy Heruka del Cuerpo de la Verdad» y medita en él durante tanto tiempo como puedas.

Por medio de un adiestramiento continuo en esta meditación, cuando pienses de manera espontánea: «Yo, yo» sobre la base del vasto Cuerpo vacío de la Verdad de Heruka, en ese momento habrás cambiado la base de designación del yo, de

La nada y la sílaba HUM

tu cuerpo normal, que es un cuerpo contaminado, al Cuerpo de la Verdad de Heruka, que es un cuerpo no contaminado, un cuerpo completamente puro. A partir de entonces, puesto que la base de designación del yo es completamente pura, te convertirás en un ser completamente puro, Heruka. Así pues, esta instrucción es un método científico para alcanzar la iluminación con gran celeridad.

Debes ser consciente de que normalmente generas y mantienes el pensamiento: «Yo, yo» sobre la base del cuerpo que ahora tienes. Este pensamiento es ignorancia porque tu cuerpo actual no puede ser el yo puesto que es parte de los cuerpos de otras personas, parte del cuerpo de tus padres. Esto muestra con claridad que la manera normal de identificar nuestro yo es ignorancia. Debido a esta ignorancia, generas diferentes clases de apariencias equívocas, a partir de las cuales se manifiestan a modo de alucinaciones diversas clases de sufrimientos y problemas sin cesar.

Por otra parte, si piensas de manera espontánea: «Yo, yo» sobre la base del vasto espacio de la vacuidad del Cuerpo de la Verdad, la manera en que identificas el yo es correcta. Así, al haber identificado el yo de manera correcta, tu apariencia equívoca cesará y, debido a ello, tus alucinaciones de todos los sufrimientos y problemas de esta vida y de las incontables vidas futuras cesarán de manera permanente. Esta es también una de las funciones principales de la meditación anterior. Esta explicación no es comúnmente conocida, es una instrucción oral.

Si realizas esta meditación cuando te llegue la muerte, al menos por familiaridad, es seguro que en la próxima vida nacerás en Keajra, la tierra pura de Heruka.

Esta meditación te conducirá al logro del Cuerpo de la Verdad de Buda Heruka al transformar la luz clara de la muerte en el camino del Cuerpo de la Verdad, por lo que se llama «Transformación de la muerte en el camino del Cuerpo de la Verdad».

Transformación del estado intermedio en el camino del Cuerpo de Deleite, el Cuerpo sutil de la Forma de Buda

De la vacuidad del Cuerpo de la Verdad, el Dharmakaya, me transformo de manera instantánea en Heruka del Cuerpo de Deleite bajo el aspecto de una nada. Este proceso es semejante al modo en que el cuerpo de un ser del estado intermedio surge de la luz clara de la muerte. Soy Heruka del Cuerpo de Deleite.

Medita brevemente en este orgullo divino. El Heruka que es designado sobre el Cuerpo sutil de la Forma de un Buda es Heruka del Cuerpo de Deleite.

Transformación del renacimiento en el camino del Cuerpo de Emanación, el Cuerpo burdo de la Forma, con el logro de las cinco sabidurías omniscientes

En el centro de los cuatro elementos, el Monte Meru y el loto, hay una luna blanca rojiza que ha surgido de las vocales y consonantes. Yo entro en el centro de la luna y me transformo de manera gradual en una sílaba HUM. De la sílaba HUM, que es el conjunto de las cinco sabidurías omniscientes, aparece en un instante todo el mandala soporte y su contenido.

Soy el Heruka base con mi consorte. La mansión celestial del mandala corporal es de la naturaleza de las partes burdas de mi cuerpo, y la asamblea de los Héroes y las Heroínas del mandala corporal es de la naturaleza de las partes sutiles de mi cuerpo –los canales y elementos gotas–. Así pues, aparezco como Heruka Padre y Madre del mandala corporal, cuya naturaleza es la de mi gota blanca y roja indestructible, junto con todo el mandala corporal soporte y su contenido, de una vez y por completo. Soy Heruka del Cuerpo de Emanación.

Medita pensando: «Soy Heruka del Cuerpo de Emanación».

Esta meditación te impide renacer en el samsara después de la muerte y actúa como causa para alcanzar el Heruka del Cuerpo de Emanación. Por ello se llama «Transformación del renacimiento en el camino del Cuerpo de Emanación».

Al alcanzar por completo las cinco sabidurías omniscientes en tu continuo mental por medio de la imaginación correcta, que comprendes a partir del desarrollo de la sílaba HUM que surge de la nada, te generas como Heruka del Cuerpo de Emanación. Medita en esta autogeneración de manera convergente durante tanto tiempo como puedas.

Meditación analítica en el Heruka base junto con su consorte

Además, soy el Ser Bienaventurado Heruka,
mi cuerpo es azul oscuro, como una montaña de lapislázuli.
Tengo cuatro rostros, que, desde el frente hacia la izquierda, son de color azul, verde, rojo y amarillo, respectivamente.
Con los dos brazos principales abrazo a mi consorte, con una mano sostengo un vajra, y con la otra, una campana.

Por debajo, de manera sucesiva, con dos manos sostengo una piel de elefante;
con otras dos, un damaru y una khatanga; con otras dos, un hacha y un cráneo rebosante de sangre;
con otras dos, un cuchillo curvo y un lazo vajra, y con otras dos, un tridente y una cabeza de Brahma de cuatro rostros.
Muestro las nueve actitudes y llevo seis ornamentos de hueso.

Mi coronilla está adornada con una media luna y un doble vajra.
Llevo un collar de cabezas humanas, y en la parte inferior de mi cuerpo visto una piel de tigre.
Estoy de pie, con la pierna derecha extendida, sobre un loto, un sol y demonios coléricos.
Vajravarahi es de color rojo y está adornada con cinco ornamentos de hueso.
Sostiene un cuchillo curvo y un cráneo, y está abrazada en unión con Heruka.

Meditación analítica del mandala corporal

La naturaleza de los cuatro elementos, el Monte Meru y la mansión celestial es la de las partes purificadas de mi cuerpo burdo como Heruka base.

En el centro, dentro de mi rueda de canales del corazón, como Heruka base, aparece Heruka Padre y Madre, la Deidad Principal del mandala corporal, del tamaño de un grano de cebada. Su naturaleza es la de mi gota indestructible blanca y roja purificada. El Padre tiene cuatro rostros y doce brazos.

Los canales cual pétalos de los elementos en las cuatro direcciones aparecen como las cuatro Yoguinis, y los canales cual pétalos en las direcciones intermedias, como cráneos rebosantes de néctar.

En las partes superior, media e inferior de mi cuerpo, en los veinticuatro lugares–el punto frontal del cabello, la coronilla, el oído derecho, la nuca, el oído izquierdo, el entrecejo, los dos ojos, los dos hombros, las dos axilas, los dos pechos, el ombligo, la punta de la nariz, la boca, la garganta, el corazón, los dos testículos, la punta del órgano sexual, el ano, los dos muslos, las dos pantorrillas, los ocho dedos de las manos y los ocho de los pies sin incluir los pulgares, los empeines de los pies, los dos dedos pulgares de las manos y los dos de los pies, las dos rodillas–, en el interior de los canales aparecen los veinticuatro Héroes, cuya naturaleza es la de los elementos gotas, que abrazan a las veinticuatro Heroínas, cuya naturaleza es la de los canales.

Los canales de las puertas de mis sentidos aparecen como las ocho Diosas de las entradas.

Con las sesenta y dos Deidades y la mansión celestial, que tiene todas las características esenciales, el círculo de protección y los ocho cementerios, todo queda completo.

En general, Buda enseñó que hay cuatro clases de mandalas: el mandala de arena, el mandala dibujado, el mandala corporal y el mandala de concentración. Sin embargo, el Mahasidha Ghantapa dijo que los dos primeros –el de arena y el dibujado– no son verdaderos mandalas, sino meras creaciones. Buda los explicó para beneficiar temporalmente a aquellos que creen que estos dos mandalas son muy importantes.

Para una exposición detallada sobre cómo meditar en el mandala corporal de Heruka véase la sadhana Esencia del vajrayana, *así como su comentario con este mismo título.*

Invocación de los Seres de Sabiduría y su disolución en los Seres de Compromiso en combinación con las cuatro iniciaciones y otras prácticas

¡PHEM!

Mis tres lugares están marcados con las tres sílabas. De la sílaba HUM irradian rayos de luz que invitan a todos los Budas de las diez direcciones a que acudan bajo el mismo aspecto que el de los visualizados, junto con las Deidades iniciadoras.

DZSA HUM BAM HO

Los Seres de Sabiduría devienen inseparables de los Seres de Compromiso.

Las Deidades iniciadoras confieren la iniciación, mi cuerpo se llena a rebosar de néctar y experimento gozo. El néctar sobrante de las coronillas se transforma por completo, y la Deidad Principal queda adornada con Vajrasatva, Vajravarahi con Akshobya, las cuatro Madres con Ratnasambhava, y las Deidades de las cuatro ruedas –del corazón, de la palabra, del cuerpo y de compromiso– con Akshobya, Amitabha, Vairochana y Amoghasidhi, respectivamente.

Bendición de la ofrenda interna

OM KHANDAROHI HUM HUM PHET
OM SOBHAUA SHUDDHA SARVA DHARMA SOBHAUA SHUDDHO HAM
Todo se convierte en la vacuidad.

De la vacuidad, de la sílaba YAM aparece aire, de RAM fuego, de AH un trípode de tres cabezas humanas. Sobre él, de AH aparece un amplio y extenso cráneo, dentro del cual, de OM, KHAM, AM, TRAM y HUM aparecen los cinco néctares; de LAM, MAM, PAM, TAM y BAM aparecen las cinco carnes; todos ellos marcados con su sílaba correspondiente. Con el soplo del viento, el fuego arde y las sustancias dentro del cráneo se funden. Por encima, de HUM aparece una khatanga de color blanco, boca abajo, que cae dentro del cráneo y se derrite, con lo cual las sustancias adquieren el color del mercurio. Sobre el cráneo aparecen tres hileras de vocales y consonantes, una por encima de la otra, que se transforman en OM AH HUM. De ellas, rayos de luz absorben el néctar de la sabiduría excelsa de los corazones de todos los Tathagatas, Héroes y

Yoguinis de las diez direcciones. Al añadirlo [al recipiente] el contenido aumenta y deviene inagotable.

OM AH HUM (x3)

Si prefieres una bendición más concisa:

HA HO HRIH

Las posibles impurezas en cuanto al color, olor y sabor se purifican y se convierte en néctar.

OM AH HUM (x3)

Aumenta, deviene inagotable y queda bendecido.

Bendición de las ofrendas a la autogeneración

OM KHANDAROHI HUM HUM PHET
OM SOBHAUA SHUDDHA SARVA DHARMA SOBHAUA SHUDDHO HAM
Todo se convierte en la vacuidad.

Del estado de la vacuidad, de KAMs aparecen amplios y extensos recipientes de cráneos, dentro de los cuales de HUMs aparecen agua para beber, agua para abluciones, agua para la boca, flores, incienso, luces, perfume, manjares y música. Su naturaleza es la vacuidad, tienen el aspecto de cada una de las sustancias de las ofrendas y son los objetos de deleite de los seis sentidos, que conceden el gozo especial no contaminado.

OM AHRGHAM AH HUM
OM PADIAM AH HUM
OM ENTZSAMANAM AH HUM
OM VAJRA PUPE AH HUM
OM VAJRA DHUPE AH HUM
OM VAJRA DIVE AH HUM
OM VAJRA GENDHE AH HUM
OM VAJRA NIUDE AH HUM
OM VAJRA SHAPTA AH HUM

Ofrendas externas y alabanzas a la autogeneración

De mi corazón emanan innumerables Diosas de inconcebible belleza portadoras de ofrendas que realizan alabanzas y me presentan sus ofrendas y elogios.

Ofrendas externas

OM AHRGHAM PARTITZSA SOHA
OM PADIAM PARTITZSA SOHA
OM ENTZSAMANAM PARTITZSA SOHA
OM VAJRA PUPE AH HUM SOHA
OM VAJRA DHUPE AH HUM SOHA
OM VAJRA DIVE AH HUM SOHA
OM VAJRA GENDHE AH HUM SOHA
OM VAJRA NIUDE AH HUM SOHA
OM VAJRA SHAPTA AH HUM SOHA

Ofrenda interna

OM HUM BAM RIM RIM LIM LIM, KAM KHAM GAM GHAM NGAM, TSAM TSHAM DZSAM DZSHAM ÑIAM, TRAM THRAM DRAM DHRAM NAM, TAM THAM DAM DHAM NAM, PAM PHAM BAM BHAM, YAM RAM LAM VAM, SHAM KAM SAM HAM HUM HUM PHET OM AH HUM

Ofrenda secreta

Los cuatro lugares y el lugar secreto quedan bendecidos.
Yo, el Principal, Padre y Madre, entramos en la unión del abrazo.
La bodhichita se derrite y al descender de mi coronilla a la garganta experimento gozo,
al descender de mi garganta al corazón experimento gozo supremo,
al descender de mi corazón al ombligo experimento gozo extraordinario

y al descender de mi ombligo a la punta de mi gema
experimento gran gozo espontáneo inseparable de la vacuidad.

Ofrenda de la talidad

La Deidad Principal y su séquito experimentan una sabiduría excelsa especial del gozo y la vacuidad.

Fuera de las sesiones de meditación, cada vez que disfrutes de cualquier objeto de deseo, primero recita estos versos:

«Generado como el Heruka base, en el templo de mi cuerpo
aparece Heruka Padre y Madre, cuya naturaleza es la de mi gota roja y blanca indestructible purificada,
rodeado de los Héroes y las Heroínas de las cinco ruedas, cuya naturaleza es la de mis canales y elementos gotas purificados.
A vosotros, síntesis de todos los Budas de las diez direcciones, os ofrezco todos mis disfrutes diarios –comer, beber y disfrutar de cualquier otro objeto de deseo–.
Que pronto alcance la iluminación y llegue a ser como vosotros para poder beneficiar sin esfuerzo a todos los seres sintientes».

Al mismo tiempo que te concentras en el significado de estos versos, disfruta de cualquier objeto de deseo como ofrenda para los seres sagrados que residen en el templo de tu cuerpo. Esta práctica es un método especial para transformar los disfrutes diarios en el camino rápido hacia la iluminación. ¡Pura tecnología tántrica!

Alabanza

Ofrezco alabanzas al Glorioso Heruka Padre y Madre, la Deidad Principal del mandala corporal,
en cuyo gran gozo todos los fenómenos se funden en uno,

y a la asamblea de Héroes y Heroínas
que moran en los lugares de las cinco ruedas.

Meditación en la apariencia y vacuidad no duales de la etapa de generación

En el vasto espacio de la vacuidad de todos los fenómenos, cuya naturaleza es la de mi apariencia equívoca purificada de todos los fenómenos, que es la tierra pura de Keajra, aparezco como Buda Heruka con un cuerpo de color azul, cuatro rostros y doce brazos, cuya naturaleza es la de mi gota blanca indestructible purificada. Abrazo a Vajravarahi, cuya naturaleza es la de mi gota roja indestructible purificada. Estoy rodeado de los Héroes y las Heroínas de las cinco ruedas, cuya naturaleza es la de mi cuerpo sutil –los canales y los elementos gotas– purificado. Resido en el mandala, la mansión celestial, cuya naturaleza es la de mi cuerpo burdo purificado. Aunque esta es mi apariencia, no es otra que la vacuidad. Es una manifestación de la vacuidad.

Al mismo tiempo que te concentras en el significado, repite mentalmente:

«Aunque esta es mi apariencia, todo el mandala soporte y su contenido, cuya naturaleza es la de mis cuerpos burdo y sutil purificados, no es otra que la vacuidad, la mera ausencia de todos los fenómenos que normalmente veo o percibo. Es una manifestación de la vacuidad».

Entonces mantén con firmeza este profundo conocimiento o experiencia y medita en ello de manera convergente.

Debes practicar esta meditación cada día de manera continua hasta que comprendas directamente la apariencia y la vacuidad no duales. Como resultado, tu apariencia dual cesará y te convertirás en un ser iluminado.

Esta meditación cumple tres funciones:

1. *Al meditar en la vacuidad evitas renacer en el samsara.*
2. *Al meditar en el mandala corporal se te abre la puerta para renacer en la tierra pura de Keajra.*
3. *Al meditar en la unión de la apariencia y la vacuidad, alcanzarás la Unión del estado de No Más Aprendizaje, la Budeidad, en esta vida.*

Las prácticas de las tres transformaciones que se exponen aquí purifican la muerte, el estado intermedio y el renacimiento y son las causas para alcanzar los tres cuerpos de un Buda –el Cuerpo de la Verdad, el Cuerpo de Deleite y el Cuerpo de Emanación– con gran rapidez.

El cuerpo muy sutil de un Buda es el Cuerpo de la Verdad. Este cuerpo es la base de designación de Heruka del Cuerpo de la Verdad. Heruka del Cuerpo de la Verdad es un Heruka designado sobre el Cuerpo de la Verdad.

El Cuerpo sutil de la Forma de un Buda es el Cuerpo de Deleite. Este cuerpo es la base de designación de Heruka del Cuerpo de Deleite. Heruka del Cuerpo de Deleite es un Heruka designado sobre el Cuerpo de Deleite.

El Cuerpo burdo de la Forma de un Buda es el Cuerpo de Emanación. Este cuerpo es la base de designación de Heruka del Cuerpo de Emanación. Heruka del Cuerpo de Emanación es un Heruka designado sobre el Cuerpo de Emanación

En general, hemos de distinguir entre Cuerpo de Emanación y emanación. Solo los Budas tienen Cuerpo de Emanación, pero una emanación puede ser cualquier objeto, puede ser un Buda o no serlo. Hay muchos objetos inanimados, como barcos y puentes, que son emanaciones.

Recitación de los mantras

Bendición del mala

El mala se convierte en Pemanarteshvara, la palabra vajra de todos los Budas.

Cómo recitar los mantras

Al recitar los mantras transformaré mi mente en la mente de luz clara del gran gozo de Heruka, inseparable de la vacuidad, la mera ausencia de todos los fenómenos que normalmente veo o percibo.

El mantra que recito emerge de la sílaba HUM en mi corazón, desciende y sale por la punta de mi vajra, entra en la bhaga de mi consorte, asciende, sale por su boca, entra en la mía, desciende y se disuelve en la HUM. De nuevo realiza el mismo recorrido saliendo de mi canal central y volviendo a entrar en él. Mis cuatro rostros y todas las Deidades del séquito recitan los mantras.

Los mantras que han de recitarse

El mantra esencial del Padre

OM SHRI VAJRA HE HE RU RU KAM HUM HUM PHET
DAKINI DZSALA SHAMBARAM SOHA

El mantra esencial cercano del Padre

OM HRIH HA HA HUM HUM PHET

El mantra esencial de la Madre

OM VAJRA BEROTZSANIYE HUM HUM PHET SOHA

El mantra esencial cercano de la Madre

OM SARVA BUDDHA DAKINIYE VAJRA VARNANIYE HUM HUM PHET SOHA

La recitación de los mantras esenciales y los mantras esenciales cercanos son el método especial para alcanzar la unión del gran gozo y la vacuidad, que es la esencia pura del tantra del yoga supremo. Por lo tanto, el primer mantra recibe el nombre de esencial. *El segundo se denomina* esencial cercano, *lo que significa que su función es similar a la del primer mantra, el mantra esencial.*

El mantra del séquito

OM RIM RIM LIM LIM, KAM KHAM GAM GHAM NGAM, TSAM TSHAM DZSAM DZSHAM ÑIAM, TRAM THRAM DRAM DHRAM NAM, TAM THAM DAM DHAM NAM, PAM PHAM BAM BHAM, YAM RAM LAM VAM, SHAM KAM SAM HAM HUM HUM PHET

Puedes recitar tantos mantras como desees.

Al final de la recitación de este mantra medita en tu mente como la mente de la luz clara del gran gozo de Heruka, inseparable de la vacuidad, la mera ausencia de todos los fenómenos que normalmente ves o percibes.

En el retiro de aproximación debes recitar el mantra esencial y el mantra esencial cercano del Padre y el mantra esencial y el mantra esencial cercano de la Madre cien mil veces cada uno, y el mantra del séquito diez mil veces.

Si deseas recitar el mantra raíz del Padre y el de la Madre, los mantras de la armadura del Padre y los de la armadura de la Madre y los mantras extensos del séquito puedes encontrarlos en la sadhana extensa de autogeneración Esencia del vajrayana.

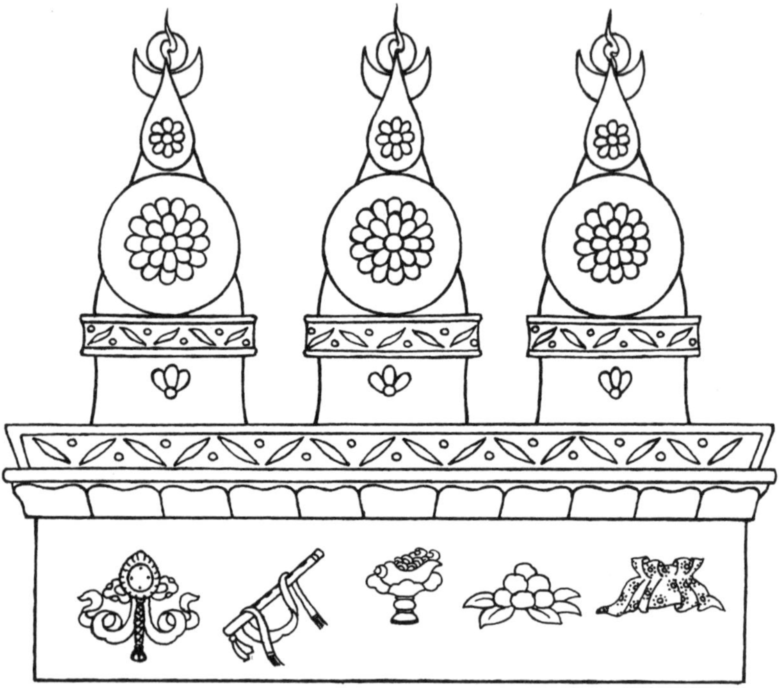

Ofrenda de tormas para la asamblea de Heruka

Ofrenda de las tormas

Bendice la torma tal y como lo hiciste con la ofrenda interna.

Generación enfrente

¡PHEM!
De la sílaba HUM sobre un disco solar en mi corazón irradian rayos de luz que invitan a todo el mandala corporal junto con sus séquitos mundanos, como los guardianes direccionales que residen en los ocho cementerios, a que acudan al espacio ante mí.

OM AHRGHAM PARTITZSA SOHA
OM PADIAM PARTITZSA SOHA
OM ENTZSAMANAM PARTITZSA SOHA
OM VAJRA PUPE AH HUM SOHA
OM VAJRA DHUPE AH HUM SOHA
OM VAJRA DIVE AH HUM SOHA
OM VAJRA GENDHE AH HUM SOHA
OM VAJRA NIUDE AH HUM SOHA
OM VAJRA SHAPTA AH HUM SOHA

De una sílaba HUM de color blanco en la lengua de cada convidado aparece un vajra blanco de tres puntas a través del cual saborean la esencia de la torma absorbiéndola por medio de un canal de luz del grosor de un grano de cebada.

OM VAJRA AH RA LI HO: DZSA HUM BAM HO: VAJRA DAKINI SAMAYA TON TRISHAYA HO (x3)

La primera vez que recitas el mantra ofrece la torma al Padre Principal; la segunda vez, a la Madre Principal, y la tercera vez al séquito.

Ofrendas externas

OM AHRGHAM PARTITZSA SOHA
OM PADIAM PARTITZSA SOHA

OM ENTZSAMANAM PARTITZSA SOHA
OM VAJRA PUPE AH HUM SOHA
OM VAJRA DHUPE AH HUM SOHA
OM VAJRA DIVE AH HUM SOHA
OM VAJRA GENDHE AH HUM SOHA
OM VAJRA NIUDE AH HUM SOHA
OM VAJRA SHAPTA AH HUM SOHA

Ofrenda interna

OM HUM BAM RIM RIM LIM LIM, KAM KHAM GAM GHAM NGAM, TSAM TSHAM DZSAM DZSHAM ÑIAM, TRAM THRAM DRAM DHRAM NAM, TAM THAM DAM DHAM NAM, PAM PHAM BAM BHAM, YAM RAM LAM VAM, SHAM KAM SAM HAM HUM HUM PHET OM AH HUM

Alabanza y postraciones

Ofrezco alabanzas y postraciones al Guru Protector Heruka,
que del juego del gran gozo de la unión de las sílabas AH y HAM,
en el que todo se funde en uno,
emana la asamblea de las Deidades de las cinco ruedas.

Súplica para la consecución de los deseos

Tú, que has destruido tanto el apego al samsara como a la paz solitaria, así como las conjeturas mentales,
que ves todas las cosas que existen por todo el espacio.
¡Oh, Protector dotado de gran compasión!, bendíceme con el agua de tu compasión,
y que siempre esté bajo el amoroso cuidado de las Dakinis.

Ofrecimiento de la torma a las deidades mundanas

Los guardianes direccionales, los guardianes regionales, los nagas y demás seres mundanos que residen en los ocho grandes cementerios entran al instante en la luz clara y surgen de ella con la forma de las Deidades de Heruka bajo el aspecto del Padre y la Madre. De la sílaba HUM de color blanco en la lengua de cada convidado aparece un vajra blanco de tres puntas a través del cual saborean la esencia de la torma absorbiéndola por medio de un canal de luz del grosor de un grano de cebada.

OM KHA KHA, KHAHI KHAHI, SARVA YAKIA RAKIASA, BHUTA, TRETA, PISHATSA, UNATA, APAMARA, VAJRA DAKA, DAKI NEDAYA, IMAM BALING GRIHANTU, SAMAYA RAKIANTU, MAMA SARVA SIDDHI METRA YATZSANTU, YATIPAM, YATETAM, BHUDZSATA, PIVATA, DZSITRATA MATI TRAMATA, MAMA SARVA KATAYA, SEDSUKHAM BISHUDHAYE, SAHAYEKA BHAVENTU, HUM HUM PHET PHET SOHA (x2)

Recítalo dos veces para ofrecerla a los convidados de las direcciones cardinales y a los de las direcciones intermedias.

Ofrendas externas

OM AHRGHAM PARTITZSA SOHA
OM PADIAM PARTITZSA SOHA
OM VAJRA PUPE AH HUM SOHA
OM VAJRA DHUPE AH HUM SOHA
OM VAJRA DIVE AH HUM SOHA
OM VAJRA GENDHE AH HUM SOHA
OM VAJRA NIUDE AH HUM SOHA
OM VAJRA SHAPTA AH HUM SOHA

Ofrenda interna

A la boca de los guardianes direccionales, guardianes regionales, nagas y demás seres mundanos, OM AH HUM.

Súplicas

Que yo y los demás practicantes
disfrutemos de buena salud, longevidad, poder,
gloria, renombre, fortuna
y abundantes deleites.

Otorgadme, por favor, las realizaciones de las acciones
de pacificación, prosperidad, control y coléricas.
¡Oh, guardianes!, por favor, asistidme continuamente.
Eliminad las muertes prematuras, las enfermedades,
y los daños causados por los espíritus y las obstrucciones.
Eliminad los malos sueños, malos presagios
y malas acciones.

Que la felicidad abunde en este mundo y que los años
venideros sean buenos,
que las cosechas sean prósperas y el Dharma florezca.
Que reinen la bondad y la alegría,
y que todos los deseos sean colmados.

Disolución y generación de las Deidades de acción

Los cementerios y el círculo de protección se disuelven en
la mansión celestial.
La mansión celestial se disuelve en el Heruka base.
Las Deidades del mandala corporal se disuelven en sus
lugares respectivos bendiciendo mis canales y elementos
gotas.
Heruka base se funde en luz y se disuelve en la vacuidad.

Del estado de la vacuidad, aparezco como el Bienaventurado Heruka, con un cuerpo de color azul, un rostro y dos manos con las que sostengo un vajra y una campana. Estoy de pie con la pierna derecha extendida y abrazo a la Madre Vajravarahi, que es de color rojo, tiene un rostro y dos manos con las que sostiene un cuchillo curvo y un cráneo.

Meditación de la primera de las cinco etapas de consumación, la bendición del yo

Dentro del canal central, en el centro de la rueda de canales de mi corazón, hay una gota. Está compuesta por dos hemisferios unidos, el de arriba es blanco y el de abajo rojo. Es del tamaño de un pequeño guisante e irradia rayos de luz de cinco colores.

En el interior de esta gota están mi aire y mente indestructibles bajo el aspecto de una sílaba HUM, de color blanco con un matiz rojizo, cuya naturaleza es la de Heruka. La diminuta nada de tres curvas de la sílaba HUM, tan fina como la punta de un cabello, es roja en su parte superior y blanca rojiza en la parte inferior. Brilla con gran intensidad, irradia luz roja y gotea néctar, cuya naturaleza es la del gran gozo. Mi mente es una de manera inseparable con la nada.

Medita de manera convergente en esta nada de la sílaba HUM, que es una de manera inseparable con tu mente. Debes lograr una experiencia profunda de esta meditación practicándola de manera continua.

Oraciones de dedicación

Así pues, que gracias a las virtudes acumuladas al realizar correctamente las ofrendas, alabanzas, recitaciones y meditaciones
de la etapa de generación del Glorioso Heruka,
complete todas las etapas
de los caminos comunes y extraordinarios.

Que por el beneficio de todos los seres sintientes
me convierta en Heruka
y guíe a todos los seres sintientes
al estado supremo de Heruka.

Heruka de dos brazos

Y si no logro este supremo estado en esta vida,
que en el momento de la muerte me encuentre con
el venerable Padre y Madre junto con su séquito,
con nubes de las más hermosas ofrendas, música celestial
e innumerables augurios excelentes y auspiciosos.

Entonces, que al final de la luz clara de la muerte
sea conducido a la Tierra Pura de Keajra,
la morada de los Sostenedores del Conocimiento que
practican el sendero supremo,
y que allí complete con rapidez este profundo camino.

Que el adiestramiento y la instrucción más profundos
de Heruka,
practicados por millones de poderosos yoguis, aumenten;
y que permanezcan durante mucho tiempo sin degenerar
como la entrada principal para los que buscan la liberación.

Que los Héroes, las Dakinis y sus séquitos,
que moran en los veinticuatro lugares supremos de este
mundo
y poseen un poder sin obstrucciones para practicar este
método,
nunca vacilen en ayudar a los practicantes.

En resumen, que nunca me separe del venerable Guru,
Padre y Madre,
sino que siempre esté bajo su cuidado y reciba sus
bendiciones.
Que de este modo complete sin dilación todos los planos
y caminos,
y alcance pronto el estado de Heruka.

Oraciones auspiciosas

Que sean favorables los auspicios de un gran tesoro de bendiciones
que surgen de las excelentes obras de todos los Gurus raíz y del linaje,
que han realizado el logro supremo de Buda Heruka
siguiendo el excelente sendero secreto del Rey de los Tantras.

Que sean favorables los auspicios de las grandes y excelentes obras de las Tres Joyas
–la sagrada Joya del Buda, la naturaleza de Heruka que lo impregna todo;
la última y gran Joya secreta del Dharma, las escrituras y realizaciones del Tantra de Heruka;
y la suprema Joya de la Sangha, las asambleas de las Deidades del séquito de Heruka–.

Que gracias a la buena fortuna de las preciosas mansiones celestiales,
vastas como los tres mil mundos
y embellecidas con ornamentos semejantes a los rayos del sol y de la luna,
todos los mundos y sus habitantes disfruten de felicidad, bondad, gloria y prosperidad.

Cuando hagas el retiro de aproximación con cuatro sesiones al día, en las tres primeras sesiones no es necesario ofrecer las tormas ni recitar las oraciones auspiciosas, y en las tres últimas, no es preciso hacer la meditación y recitación de Vajrasatva ni la bendición de la ofrenda interna.

Al comprender que los practicantes modernos necesitan una sadhana del mandala corporal de Heruka cuyo texto no sea muy extenso, pero que sea fácil de comprender y practicar, he preparado esta práctica muy esencial del mandala corporal de Heruka, que está basada en las instrucciones de los grandes eruditos Gungtang Tenpai Dronme, Ngulchu Dharmabhadra, Yhe Phabongkhapa y Vajradhara Triyhang Rimpoché.

Que gracias a estas virtudes, el Dharma sagrado que se presenta en el Tantra de Heruka *florezca para siempre.*

Colofón: Esta sadhana –ritual de oraciones para alcanzar realizaciones espirituales– ha sido recopilada a partir de fuentes tradicionales por el venerable Gueshe Kelsang Gyatso Rimpoché y traducida bajo su compasiva guía, 2015.

Mandala de la puyha de fuego de Heruka

Khatanga, bumpa de la victoria, el vertedor
y el instrumento acucharado para la puyha de fuego

CUARTA PARTE:
Esencia de las cinco etapas de la etapa de consumación de Heruka

Esencia de las cinco etapas de la etapa de consumación de Heruka

Las cinco etapas de la etapa de consumación de Heruka son:

1. La etapa de la bendición del yo.
2. La etapa del vajra de diversas cualidades.
3. La etapa de la plenitud de joyas.
4. La etapa de dzsoladhara.
5. La etapa inconcebible.

LA ETAPA DE LA BENDICIÓN DEL YO

Consta de dos partes:

1. Cómo meditar en la etapa de la bendición del yo con semilla.
2. Cómo meditar en la etapa de la bendición del yo sin semilla.

En este contexto, *bendición del yo* se refiere a la base de designación del yo, que es nuestro aire y mente indestructibles. *Aire y mente indestructibles, aire y mente muy sutiles* y *cuerpo y mente que residen de manera continua* son términos sinónimos. Si practicamos la meditación de la etapa de la bendición del yo con pureza y de manera continua, recibiremos la bendición especial de Heruka, que es la manifestación de todos los Budas, en nuestro aire y mente indestructibles, que son nuestro cuerpo y mente que residen de manera continua. Debido a ello, nuestros aires internos de los canales derecho e izquierdo entrarán, permanecerán y finalmente se disolverán en la unión del aire y la mente indestructibles. Así pues, experimentaremos la realización denominada *luz clara ejemplar última*, por medio de la cual alcanzaremos el cuerpo inmortal, el cuerpo ilusorio. A partir de entonces nos habremos convertido en un ser inmortal.

CÓMO MEDITAR EN LA ETAPA DE LA BENDICIÓN DEL YO CON SEMILLA

PRÁCTICAS PRELIMINARES

Primero debemos generar el buen corazón supremo, la bodhichita, que desea con sinceridad liberar a todos los seres sintientes del sufrimiento de manera permanente, para lo cual hemos de transformarnos en el ser iluminado Heruka, y el entendimiento y la creencia de que nuestro cuerpo, el yo y todos los demás fenómenos que normalmente vemos o percibimos no existen en absoluto. Con la experiencia de estos caminos comunes, imaginamos y pensamos: «Soy Heruka, mi cuerpo es de color azul y tengo un rostro y dos brazos. Mi cuerpo es de la naturaleza de la luz, sin contacto obstructor, como el azul del cielo». Meditamos en esta autogeneración durante un rato. Esta es la primera práctica preliminar.

La segunda práctica preliminar es la meditación en el canal central. Realizamos la siguiente contemplación:

Mi canal central se encuentra exactamente en medio de mi cuerpo, entre los dos hombros, pero más cerca de la espalda que del pecho. Justo delante de la espina dorsal está el canal de la vida, que es bastante grueso, y delante de él, el canal central, que va en línea recta desde la coronilla hasta la punta del órgano sexual, como el pilar de mi cuerpo. Por fuera es de color azul claro y por dentro es de color rojo aceitoso. Es claro y transparente, muy suave y flexible.

Al principio, si lo deseamos, podemos imaginar que el canal central es bastante grueso y luego lo vamos visualizando cada vez más delgado hasta que finalmente lleguemos a percibirlo del grosor de una paja de refresco. Debemos realizar esta contemplación una y otra vez hasta que percibamos una imagen genérica de nuestro canal central. A continuación, nos concentramos de manera convergente en el canal central a la altura del corazón, al mismo tiempo que pensamos y creemos que nuestra mente está en el interior del canal central en el corazón, y meditamos en ello. Hemos de adiestrarnos así de manera continua hasta adquirir una profunda experiencia.

La tercera práctica preliminar es la meditación en la gota indestructible. Después de haber logrado cierta experiencia de la meditación en el canal central en el corazón, meditamos en la gota indestructible. Realizamos la siguiente contemplación:

Dentro de mi canal central a la altura del corazón hay una pequeña cavidad en cuyo interior se encuentra la gota indestructible. Es del tamaño de un pequeño guisante, su hemisferio superior es de color blanco, y el inferior, rojo. Es como un guisante que se ha cortado por la mitad, vaciado ligeramente y vuelto a unir. Es la esencia misma de todas las gotas y es muy pura y sutil. Aunque su sustancia es la de la sangre y el semen, su naturaleza es muy clara, como una diminuta bola de cristal que irradia rayos de luz de cinco colores.

Realizamos esta contemplación una y otra vez hasta que percibamos una imagen genérica clara de la gota indestructible en el corazón, en el interior del canal central. Con la sensación de que nuestra mente está en el interior de la gota indestructible en el corazón meditamos en la gota de manera convergente, sin distracciones.

LA MEDITACIÓN EN SÍ DE LA BENDICIÓN DEL YO CON SEMILLA

MEDITACIÓN EN EL AIRE Y LA MENTE INDESTRUCTIBLES

Realizamos la siguiente contemplación:

Dentro de la gota indestructible se encuentra la unión de mi aire y mente indestructibles bajo el aspecto de una diminuta sílaba HUM, que es mi Guru Heruka. Es de color blanco rojizo, del tamaño de un grano de cebada, e irradia rayos de luz de cinco colores.

Debemos pensar que la gota indestructible es como una cueva y que nuestro aire y mente indestructibles bajo el aspecto de la sílaba HUM son como una persona que habita en ella. Realizamos esta contemplación una y otra vez hasta que percibamos la sílaba HUM dentro de la gota indestructible en el centro de la rueda de canales del corazón.

Luego nos concentramos principalmente en la nada que se encuentra en la parte superior de la sílaba HUM. Es roja en la parte superior y de un blanco rojizo en la inferior. Irradia luz roja y gotea néctar. Imaginamos que los cinco aires que fluyen por las cinco puertas de los sentidos, como el aire movedor, y las cinco mentes, como la percepción visual, se disuelven en la nada, y sentimos que nuestra mente ha entrado en la nada. Entonces meditamos en ella de manera convergente. Si esto nos resulta difícil, como ayuda para absorber la mente en la nada, podemos pensar que la nada es sumamente densa y pesada.

Si realizamos esta meditación una y otra vez, cuando alcancemos la segunda permanencia mental, nuestros aires internos entrarán en el canal central. Más tarde, cuando logremos la cuarta permanencia mental, nuestros aires entrarán, permanecerán y se disolverán en el canal central y experimentaremos realmente los ocho signos de disolución, desde la apariencia semejante a un espejismo hasta la luz clara.

Como se describe en el libro *La luz clara del gozo*, hay diez puertas por las que los aires internos pueden entrar en el canal central. Según este sistema elegimos la rueda de canales del corazón. Es importante que hagamos esta meditación con suavidad y sin forzar. Hay quien dice que no deberíamos empezar la práctica de meditación de la etapa de consumación en el corazón porque puede provocar enfermedades, como alteraciones del elemento aire, pero Yhe Tsongkhapa alabó mucho esta práctica. Dijo que puesto que el objeto de meditación, la sílaba HUM, es la esencia de Guru Heruka, estaremos protegidos de todos los obstáculos. Si realizamos esta meditación con suavidad y regularidad durante un largo periodo de tiempo, con toda seguridad nuestros aires internos se disolverán en el canal central y tendremos una experiencia vívida de la luz clara.

Ghantapa dijo:

«Debemos meditar de manera convergente
en la gota indestructible que reside siempre en nuestro corazón.
Aquellos que se familiaricen con esta meditación,
sin lugar a dudas adquirirán la sabiduría excelsa».

Aquí, *sabiduría excelsa* se refiere a la sabiduría de la luz clara del gozo que se experimenta al desatar los nudos de la rueda de canales del corazón. De todos los nudos del canal central, estos son los más difíciles de aflojar, pero si nos concentramos en esta rueda de canales desde el principio de nuestro adiestramiento en la etapa de consumación, nos resultará más fácil conseguirlo. Por lo tanto, esta meditación es un poderoso método para alcanzar auténticas realizaciones de la etapa de consumación.

¿Por qué esta meditación recibe el nombre de *bendición del yo con semilla*? Como se ha mencionado, *yo* se refiere al aire y la mente indestructibles, que son nuestro propio cuerpo y mente y, por lo tanto, la base para designar nuestro verdadero yo. Por medio de esta meditación nuestro aire y mente muy sutiles recibirán bendiciones especiales, por ello esta práctica se llama «Bendición del yo con semilla». En este contexto, *semilla* se refiere a la sílaba HUM, la sílaba semilla de Heruka. Además, como resultado de haber bendecido nuestro aire y mente muy sutiles con esta meditación, nuestra mente muy sutil se transforma en la luz clara del gozo.

Hasta que recibamos los signos de que los cinco aires internos realmente entran, permanecen y se disuelven en el canal central, simplemente lo imaginamos. Imaginamos que percibimos los ocho signos, desde la apariencia semejante a un espejismo hasta la luz clara, y entonces fijamos la mente de manera convergente en esta luz clara imaginada. Intentamos percibir solo la luz clara fundida con la vacuidad y, sobre la base de esta experiencia, generamos el orgullo divino de ser Heruka del Cuerpo de la Verdad. Esto se denomina *fusión con el Cuerpo de la Verdad durante la vigilia*.

Al cabo de un rato imaginamos que surgimos de la vacuidad del Cuerpo de la Verdad bajo el aspecto de Heruka de color blanco y generamos el orgullo divino de ser Heruka del Cuerpo de Deleite. Esto se denomina *fusión con el Cuerpo de Deleite durante la vigilia*.

Antes de comenzar la meditación de la etapa de consumación nos generamos como Heruka de color azul, con un rostro y dos brazos. Aunque dejamos de concentrarnos en este Heruka como objeto de meditación, no disolvimos la visualización y, por lo tanto, ha permanecido presente durante las dos fusiones, del mismo modo que nuestro cuerpo burdo continúa existiendo mientras dormimos y soñamos aunque no sea un objeto de las mentes que tenemos al dormir y soñar. El Heruka blanco entra a través de la coronilla del Heruka azul. Este Heruka azul es el Ser de Compromiso y el Heruka blanco que entra en él es el Ser de Sabiduría. Este último permanece en el corazón del Heruka azul. Nos concentramos en el cuerpo del Heruka azul y generamos orgullo divino de ser Heruka del Cuerpo de Emanación. Esto se denomina *fusión con el Cuerpo de Emanación durante la vigilia*. Entonces surgimos de la meditación y realizamos las actividades del descanso con el orgullo divino de ser Heruka del Cuerpo de Emanación.

En una misma sesión podemos practicar estas tres fusiones una, tres o siete veces, según el tiempo y la capacidad que tengamos. Esta práctica de las tres fusiones es muy similar a las tres transformaciones de la etapa de generación. La práctica de la etapa de consumación de transformar los tres cuerpos en el camino es la misma que la de las tres fusiones. Si logramos experiencia de las tres fusiones durante la vigilia, podremos practicarlas durante el sueño y posteriormente durante la muerte. La manera de hacerlo se describe en el libro *La luz clara del gozo*.

En resumen, al meditar en la nada que se encuentra en la parte superior de la sílaba HUM, que está en la rueda de canales del corazón, y practicar las tres fusiones provocamos que nuestros aires internos entren, permanezcan y se disuelvan en el canal central, dando lugar a una experiencia muy vívida y nítida de la luz clara. Antes de alcanzar verdaderas realizaciones nos adiestramos en las tres fusiones utilizando la imaginación. Una vez que tengamos experiencia de las fusiones durante la vigilia y el sueño, cuando nos llegue la muerte también seremos capaces de practicarlas. Entonces moriremos con una mente serena y feliz, y seremos capaces de elegir nuestro próximo renacimiento. Finalmente alcanzaremos los cuerpos resultantes de un Buda.

CÓMO MEDITAR EN LA ETAPA DE LA BENDICIÓN DEL YO SIN SEMILLA

En esta etapa practicamos la recitación vajra, que es un método especial para controlar los aires internos. En el tantra del yoga supremo, *vajra* se refiere al gran gozo. Hemos de saber que el gran gozo es necesariamente un gozo que surge al derretirse las gotas dentro del canal central debido a que los aires entran, permanecen y se disuelven en el canal central. Dicho gozo lo experimentan solo los practicantes del yoga del tantra supremo y los Budas.

Como se mencionó con anterioridad, el propósito principal de la bendición del yo es controlar los aires internos. La bendición del yo con semilla establece las bases para la bendición del yo sin semilla o recitación vajra. Comenzamos visualizando el canal central y la gota indestructible como hicimos antes, pero en lugar de visualizar la sílaba semilla HUM dentro de la gota, ahora visualizamos solo la nada, cuya naturaleza es nuestro aire muy sutil. Por esta razón, esta práctica se denomina *bendición del yo «sin semilla»*.

Esta diminuta nada de tres curvas es de color blanco, tan fina como la punta de un cabello y su naturaleza es la del aire muy sutil que sustenta la vida, situado en el corazón. Nos concentramos en la nada y luego imaginamos que de ella asciende suavemente por el canal central nuestro aire que sustenta la vida, como humo blanco de incienso. Al ascender emite el sonido HUM. Debemos sentir que el aire produce este sonido y que nuestra mente simplemente lo escucha. El aire que sustenta la vida va ascendiendo poco a poco hasta llegar al centro de la rueda de canales de la garganta, donde lo retenemos durante un tiempo mientras sigue emitiendo el sonido HUM, y luego dejamos que descienda lentamente. Al descender produce el sonido OM. Finalmente llega al centro de la rueda de canales del corazón y se disuelve en la nada, donde permanece durante un rato emitiendo el sonido AH.

Luego, de nuevo, el aire que sustenta la vida asciende hasta la garganta produciendo el sonido HUM, desciende haciendo el sonido OM y permanece en la nada produciendo el sonido AH. Hemos de repetir este ciclo varias veces. Para terminar nos concentramos de manera convergente solo en el aire que está en la nada en el corazón emitiendo el sonido AH.

Cuando hayamos logrado cierta familiaridad con esta meditación la modificamos del siguiente modo. Comenzamos como antes pero, cuando el aire asciende, en lugar de detenerse en la garganta dejamos que continúe sin interrupción hasta la coronilla al mismo tiempo que produce el sonido HUM. Permanece en este lugar muy brevemente y luego desciende despacio hasta llegar a la nada en el corazón emitiendo el sonido OM. Permanece en la nada durante un tiempo produciendo el sonido AH. Repetimos este ciclo varias veces y, finalmente, nos concentramos solo en el aire que está en la nada en el corazón produciendo el sonido AH.

Cuando hayamos adquirido cierta familiaridad con esta segunda meditación, imaginamos que el aire que sustenta la vida surge del aire indestructible, que tiene la forma de la nada, y asciende directamente hasta los orificios nasales sin detenerse en la garganta ni en la coronilla emitiendo el sonido HUM. Se detiene con brevedad en los orificios nasales y luego vuelve lentamente hacia el corazón produciendo el sonido OM, donde permanece produciendo el sonido AH. Repetimos este ciclo varias veces y al final nos concentramos de manera convergente en la nada emitiendo el sonido AH en el corazón.

Gracias a esta meditación nuestra experiencia de la entrada, permanencia y disolución de los aires internos en el canal central será mucho más poderosa que antes y también percibiremos los ocho signos, desde la apariencia semejante a un espejismo hasta la luz clara, con mayor claridad. Mientras esto no ocurra en realidad, imaginamos que sucede. En cualquier caso, debemos meditar de manera convergente en la luz clara del gozo fundida con la vacuidad y, fijando la atención en esta unión, generar orgullo divino de ser Heruka del Cuerpo de la Verdad. Luego, como hicimos antes, surgimos bajo el aspecto de Heruka de color blanco y generamos orgullo divino de ser Heruka del Cuerpo de Deleite. Este Heruka blanco entra por la coronilla del Heruka azul que generamos al principio de la sesión y permanece en su corazón, y generamos orgullo divino de ser Heruka del Cuerpo de Emanación. Podemos finalizar la sesión en este momento y realizar las actividades del descanso de la meditación o repetir de nuevo el mismo proceso.

La recitación vajra ejerce dos funciones principales: 1) controlar los aires internos uniéndolos con el mantra y 2) aflojar los nudos del canal central en el corazón. Respecto a la primera función, cuando hacemos esta meditación es importante pensar que nuestros aires internos se han convertido en mantra y producen los sonidos HUM, OM y AH. El aire muy sutil es la raíz de la palabra, incluyendo el mantra. Nuestra palabra burda normal depende de los aires internos burdos que surgen a partir del aire interno muy sutil. Cuando nos generamos como la Deidad, consideramos nuestra palabra como el mantra de la Deidad. Con el adiestramiento en la recitación vajra purificamos de manera gradual nuestros aires internos. A medida que se purifiquen nuestra mente también lo hará y de este modo conseguiremos controlar nuestros aires internos y, por lo tanto, nuestra mente. Cuando por medio de la meditación seamos capaces de provocar que los aires internos entren, permanezcan y se disuelvan en el canal central con facilidad y sin obstáculos, podremos decir que controlamos nuestros aires internos. Sin embargo, esto puede realizarse a muchos niveles. Se dice que los practicantes que han completado la recitación vajra pueden fundir sus aires internos con los aires externos de todo el mundo, reunirlos en el canal central y transformarlos en el mantra OM AH HUM. Al controlar sus aires de esta manera alcanzan numerosos poderes sobrenaturales especiales.

Respecto a la segunda función, por medio de la recitación vajra podemos aflojar parcialmente los nudos del canal central en el corazón, pero no desatarlos por completo. Para conseguir esto último debemos esperar hasta la muerte o practicar con la ayuda de un mudra de acción. Cuando desatemos por completo los nudos del chakra del corazón por medio de la práctica de la etapa de consumación, alcanzaremos la mente aislada de la luz clara ejemplar última, y cuando surjamos de la meditación estabilizada de esta luz clara, lograremos el cuerpo ilusorio, el cuerpo inmortal. Este no es un cuerpo imaginado, sino un verdadero cuerpo divino. En resumen, para lograr el verdadero cuerpo divino hemos de alcanzar la luz clara ejemplar última, y para ello debemos aflojar los nudos de la rueda de canales del corazón por medio de la recitación vajra.

Cuando logremos una concentración estable en la recitación vajra con el aire que sustenta la vida, podremos practicarla con los cinco aires secundarios que fluyen por las puertas de los sentidos. Por ejemplo, el primer aire secundario, el aire movedor, surge de nuestro aire muy sutil y fluye en dirección ascendente hasta los órganos oculares haciendo que nuestra percepción visual se desplace hacia su objeto, una forma visual, permitiéndonos ver. Sin este aire no tendríamos percepción visual. Puesto que de momento este aire es impuro, nuestra percepción visual también lo es y, por lo tanto, solo percibimos un mundo impuro. No obstante, si purificamos el aire movedor, nuestra percepción visual se purificará y veremos las tierras puras de los Budas.

Para purificar el aire movedor debemos concentrarnos en que dicho aire surge de [la punta de] la nada dentro de la gota indestructible y asciende hacia los ojos produciendo el sonido HUM, desciende emitiendo el sonido OM y permanece dentro de la gota indestructible produciendo el sonido AH. Cuando logremos una experiencia profunda de esta meditación, alcanzaremos la clarividencia visual. De manera similar, si logramos una experiencia profunda de la recitación vajra utilizando el segundo aire secundario, el aire de intenso movimiento, que sustenta la percepción auditiva, adquiriremos la clarividencia auditiva. Una descripción más detallada de cómo realizar estas meditaciones y de la manera de fundir los aires internos con los externos puede encontrarse en el libro *Caminos y planos tántricos*.

CÓMO MEDITAR EN LA ETAPA DEL VAJRA DE DIVERSAS CUALIDADES

En la primera parte del libro se dice: «En la práctica en sí del Mahamudra, cuando se medita en la etapa de consumación hay dos tradiciones para penetrar el cuerpo vajra». Si seguimos la primera tradición, para experimentar antes de morir la luz clara totalmente cualificada, es decir, la luz clara ejemplar última, debemos practicar con la ayuda de un mudra de acción. No obstante, un mudra de acción solo puede ayudarnos a alcanzar esta realización si poseemos de antemano la capacidad de controlar nuestras gotas o bodhichita. Si cuando la bodhichita se funde en nuestros canales y llega a la punta del órgano sexual podemos mantenerla en este lugar sin liberarla durante tanto tiempo como deseemos al mismo tiempo que experimentamos gozo, tenemos la capacidad de controlar nuestras gotas. Adquiriremos esta capacidad por medio del adiestramiento en las dos etapas del vajra de diversas cualidades.

La etapa del vajra de diversas cualidades tiene dos partes:

1. La etapa del vajra de diversas cualidades con semilla.
2. La etapa del vajra de diversas cualidades sin semilla.

CÓMO MEDITAR EN LA ETAPA DEL VAJRA DE DIVERSAS CUALIDADES CON SEMILLA

Comenzamos visualizando nuestro canal central con claridad e imaginamos que al habernos generado como Heruka en unión con Vajravarahi, los extremos inferiores de nuestros canales centrales están unidos. Visualizamos que el canal central del Padre sobresale un poco de su vajra y se une al canal central de la Madre dentro de su *bhaga*. Dentro de la parte del canal central que sobresale del vajra del Padre visualizamos la mente de gran gozo de Heruka bajo el aspecto de un diminuto vajra de una punta [en posición vertical], de color blanco con un matiz rojizo y del tamaño de un grano de cebada. En el centro del vajra visualizamos al propio Heruka bajo el aspecto de una diminuta sílaba HUM azul. La parte blanca del vajra es la bodhichita blanca, y la roja, la bodhichita roja, por lo que la sustancia del vajra son las gotas, pero su verdadera naturaleza es el gran gozo de Heruka. Lo visualizamos para recordar la experiencia del gran gozo.

A continuación imaginamos que nuestra mente, junto con la gota indestructible en el corazón, desciende por el canal central y se disuelve en la sílaba HUM en el centro del diminuto vajra. Es imprescindible sentir que nuestra mente en su totalidad se ha disuelto en la HUM. Entonces nos concentramos en el vajra de manera convergente al mismo tiempo que experimentamos gran gozo durante tanto tiempo como podamos. Finalmente imaginamos que el vajra y la HUM se transforman y adquieren el aspecto de la gota indestructible, la cual asciende lentamente por el canal central. Al llegar al punto vital en el centro de la rueda de canales del ombligo la mantenemos en ese lugar durante un tiempo concentrándonos de manera convergente sin distracciones. La gota continúa ascendiendo por el canal central hasta llegar al centro de la rueda de canales del corazón, su propia morada. La retenemos en este lugar con intensa concentración hasta percibir los ocho signos [de

Vajra de una punta

disolución de los aires internos]. Finalmente meditamos en la luz clara del gozo y la vacuidad con el orgullo divino de ser Heruka del Cuerpo de la Verdad. Completamos las tres fusiones como antes y concluimos la sesión. Debemos repetir esta meditación numerosas veces para poder controlar las gotas y estabilizar el gran gozo.

CÓMO MEDITAR EN LA ETAPA DEL VAJRA DE DIVERSAS CUALIDADES SIN SEMILLA

Para realizar esta meditación visualizamos el vajra de una punta, ahora del tamaño de un guisante, dentro del extremo superior del canal central a la altura de nuestro entrecejo. Sin embargo, en este caso no visualizamos una sílaba HUM en el centro del vajra y por ello se dice que esta etapa es *sin semilla*.

Nuestra mente, junto con la gota indestructible en el corazón, asciende por el canal central hasta llegar a la coronilla y luego desciende hasta el entrecejo, donde alcanza el centro del vajra. La parte blanca de la gota se transforma en un asiento lunar y, encima, la parte roja de la gota, en un asiento solar. Sobre el asiento solar visualizamos a Buda Akshobya bajo el aspecto de una diminuta gota azul del tamaño de una semilla de mostaza. Enfrente de ella visualizamos a Buda Vairochana bajo el aspecto de una diminuta gota blanca, a la izquierda a Buda Amoghasidhi bajo el aspecto de una gota verde, detrás a Buda Amitabha bajo el aspecto de una gota roja y a la derecha a Buda Ratnasambhava bajo el aspecto de una gota amarilla. Luego imaginamos que nuestra mente se disuelve por completo en este grupo de cinco gotas, del tamaño de un pequeño guisante, y la mantenemos en este lugar sin distracciones.

Justo antes de concluir la meditación imaginamos que el vajra se disuelve en la luna y esta en el sol. El sol se disuelve en la gota blanca, esta en la verde, esta en la roja, esta en la amarilla y esta en la azul en el centro, cuya naturaleza es la de

Akshobya-Heruka. Irradiando luces de cinco colores de sabiduría para bendecir nuestras gotas, la gota azul va ascendiendo lentamente por el canal central hasta llegar al centro de la rueda de canales de la coronilla. La retenemos en ese lugar y meditamos de manera convergente durante un tiempo. Esto hace que la bodhichita de la coronilla aumente. Al cabo de un rato, la gota desciende lentamente hasta llegar al centro de la rueda de canales de la garganta, donde la retenemos durante un tiempo. Luego desciende hasta llegar al centro mismo de la rueda de canales del corazón y meditamos en ella hasta percibir los ocho signos. Finalmente completamos las tres fusiones como hicimos anteriormente y concluimos la sesión. Debemos repetir esta meditación hasta adquirir la capacidad de controlar las gotas y estabilizar el gran gozo.

En esta etapa, el diminuto vajra con una diminuta sílaba HUM en su interior es el objeto principal de meditación. Si meditamos en este diminuto vajra en los lugares de nuestros poderes sensoriales, podremos alcanzar diversas clases de clarividencia superior. Por esta razón, esta etapa recibe el nombre de *vajra de diversas cualidades*.

¿Cómo se practica esta meditación para alcanzar las diversas clases de clarividencia superior? El poder sensorial de la vista, por ejemplo, es el potencial localizado en el órgano del ojo que es la condición dominante de la percepción visual. En el poder sensorial de la vista visualizamos el vajra [en posición vertical] de una sola punta, del tamaño de un grano de cebada, que es la mente de gran gozo de Heruka. En el centro, dentro del vajra, visualizamos una sílaba HUM diminuta, que es el mismo Heruka. Contemplamos esto una y otra vez hasta que percibamos todo el conjunto con claridad. Luego mantenemos mentalmente con firmeza este conjunto y meditamos en él de manera convergente durante tanto tiempo como podamos. En cada sesión repetimos la contemplación y la meditación y, al final, al mismo tiempo que reconocemos que el vajra es la mente de gran gozo de Heruka y la sílaba HUM es el mismo Heruka, imaginamos que ambos, el vajra y la HUM, se funden en luz y se disuelven en nuestro poder sensorial de la vista. Debido a ello, se purifica nuestro poder sensorial de la vista y se vuelve completamente puro, libre de apariencias ordinarias. Meditamos en esta creencia durante un rato.

De este modo, al recibir de manera continua las bendiciones de Heruka y gracias al poder de esta meditación, alcanzaremos la clarividencia visual superior, que puede ver de manera directa a la Deidad iluminada Heruka, su tierra pura Keajra, su séquito de Héroes y Dakinis y otros seres sagrados, la asamblea de Gurus, Deidades, Budas y Bodhisatvas. Al igual que Yhe Phabongkhapa, si practicamos con sinceridad y fe intensa, alcanzaremos esta realización. Si aplicamos esta meditación a los demás poderes sensoriales, como el poder sensorial auditivo, alcanzaremos diferentes clases de clarividencia superior.

CÓMO MEDITAR EN LA ETAPA DE LA PLENITUD DE JOYAS

En este contexto, *joyas* se refiere a los cuatro gozos, que son verdaderas gemas internas que colman todos nuestros deseos. Puesto que la función de esta tercera etapa es llenar nuestro cuerpo de la experiencia de los cuatro gozos, se denomina *plenitud de joyas*. Realizamos esta práctica con la ayuda de los cuatro mudras: el mudra de compromiso, el de acción, el del fenómeno y el Mahamudra. Yhe Tsongkhapa dijo que la práctica del primer mudra es la preliminar, la segunda es la práctica en sí, la tercera es la práctica subsiguiente, y la cuarta, el resultado.

El primer mudra, el de compromiso, es el consorte visualizado o mudra de sabiduría. Durante la iniciación del mudra de la sabiduría, el Guía Espiritual vajrayana nos ofrece una consorte que es una emanación de Vajravarahi y nos hace adquirir el compromiso de alcanzar el gran gozo con la ayuda de este mudra de sabiduría. Por lo tanto, la consorte visualizada se conoce como *mudra de compromiso*. Practicar con un mudra de sabiduría nos sirve de preparación o preliminar para hacerlo con un mudra de acción. Si con la meditación de practicar con el mudra de sabiduría conseguimos que nuestros aires internos se reúnan y disuelvan en el canal central y experimentamos gran gozo, esta es una indicación válida de que podemos practicar con un mudra de acción. Un mudra de acción es una consorte real que ha recibido la iniciación de nuestra Deidad personal, mantiene los compromisos tántricos y conoce las instrucciones a la perfección.

Después de haber aflojado por completo los nudos del canal central en el corazón con la ayuda de un mudra de acción, cuando posteriormente meditemos en el fuego interno, generaremos un gran gozo espontáneo muy poderoso. Puesto que para nosotros el fenómeno de la meditación en el fuego interno ejerce una función similar a la de una consorte, se denomina *mudra del fenómeno*. La realización de la unión del gran gozo y la vacuidad se llama *Mahamudra* o *Gran Sello*, que significa 'gran verdad indestructible'. Cuando nuestra mente que reside de manera continua se transforma en el gran gozo espontáneo que realiza la vacuidad por medio de una imagen genérica, se denomina *luz clara ejemplar última*. El término *última* revela que es una luz clara completamente cualificada, y *ejemplar*, que podemos utilizar esta realización como ejemplo para entender cómo alcanzar la verdadera luz clara significativa, la unión del gran gozo y la vacuidad. Si meditamos una y otra vez en la luz clara ejemplar última, se transformará en la luz clara significativa. Por lo tanto, la luz clara ejemplar última es un ejemplo que ilustra su significado, es decir, la luz clara significativa. Esta es una mente que reside de manera continua, cuya naturaleza es el gran gozo espontáneo que realiza la vacuidad de manera directa.

Como preliminar a la etapa de la plenitud de joyas hacemos hincapié en la práctica de la ofrenda secreta a nosotros mismos generados como Heruka y en la de meditar con la ayuda del mudra de sabiduría como se expone en la sección de la iniciación del mudra de sabiduría. Después de haber logrado la capacidad de controlar nuestras gotas y tengamos una profunda experiencia de la disolución de los aires internos en el canal central, podremos practicar con la ayuda de un mudra de acción.

Esta práctica puede realizarse de dos maneras. La primera consiste en meditar en nuestra vacuidad y la de nuestra consorte para luego, desde el estado de la vacuidad, generarnos como Heruka y nuestra consorte como Vajravarahi, libres de apariencias y concepciones ordinarias. Con intenso orgullo divino de ser Heruka y de que nuestra consorte es Vajravarahi, entramos en unión y generamos de manera gradual los cuatro gozos. Finalmente meditamos en el gran gozo espontáneo inseparable de la vacuidad de manera convergente durante tanto tiempo como podamos.

Para practicar de la segunda forma, con un intenso orgullo divino de ser Heruka y libre de apariencias y concepciones ordinarias, pensamos simplemente que nuestra consorte es una manifestación de Vajravarahi, entramos en unión, generamos los cuatro gozos y finalmente meditamos en el gran gozo espontáneo y la vacuidad.

CÓMO MEDITAR EN LA ETAPA DE DZSOLADHARA

Dzsoladhara es una palabra sánscrita que significa 'sostenimiento del ardor'. *Dzsola* quiere decir 'ardor', y *dhara*, 'sostener'. Esta meditación de la etapa de dzsoladhara se denomina de este modo porque sostiene su objeto, el ardiente fuego interno o tummo, de manera convergente. Por medio de esta meditación el practicante mejora su realización del gran gozo espontáneo que había logrado en la tercera etapa hasta que su mente que reside de manera continua se transforma en la mente de gran gozo espontáneo que realiza la vacuidad. Al principio esta realización es la luz clara ejemplar última y de manera gradual se convierte en la luz clara significativa. En algunos textos se dice *dzsalendhara* en lugar de *dzsoladhara*, pero el significado es el mismo.

La práctica en sí de la etapa de dzsoladhara consta de ocho partes:

1. Visualización del canal central.
2. Visualización de las sílabas.
3. Encendido del fuego interno.
4. Avivar el ardor del fuego.
5. Goteo de la bodhichita.
6. Ardor especial del fuego.
7. Goteo especial de la bodhichita.
8. Meditación en la unión del gozo espontáneo y la vacuidad.

VISUALIZACIÓN DEL CANAL CENTRAL

Visualizamos el canal central como se describió anteriormente en las páginas 130-131.

VISUALIZACIÓN DE LAS SÍLABAS

En el centro mismo de la rueda de canales del lugar secreto, localizado a unos cuatro dedos por debajo del ombligo, visualizamos un origen de los fenómenos diminuto. En su interior sobre un disco solar, nuestra mente raíz, inseparable de la mente de Guru Heruka, aparece bajo el aspecto de un grupo de cinco gotas que tiene el tamaño de un guisante. Delante hay una gota blanca cuya naturaleza es la de Buda Vairochana, a la izquierda, una gota verde cuya naturaleza es la de Buda Amoghasidhi, detrás, una gota roja cuya naturaleza es la de Buda Amitabha, a la derecha, una gota amarilla cuya naturaleza es la de Buda Ratnasambhava, y en el centro, una gota azul cuya naturaleza es la de Buda Akshobya.

Dentro de la gota central, la azul, visualizamos nuestro fuego interno bajo el aspecto de una diminuta sílaba AH corta de color rojo. En el centro mismo de la rueda de canales de la coronilla visualizamos boca abajo una sílaba HAM blanca cuya naturaleza es la de nuestra bodhichita blanca. En el centro de la rueda de canales del corazón visualizamos boca abajo una sílaba HUM blanca con un matiz rojizo cuya naturaleza es la de nuestra gota indestructible roja y blanca. Contemplamos brevemente la sílaba HAM en la coronilla, la HUM en el corazón y la AH corta en el lugar secreto, y finalmente meditamos en esta última.

ENCENDIDO DEL FUEGO, ARDOR DEL FUEGO, ETCÉTERA, HASTA LA MEDITACIÓN EN EL GOZO ESPONTÁNEO Y LA VACUIDAD

Cuando un hombre y una mujer realizan el acto sexual de manera ordinaria, debido a que la punta del pene del hombre toca el extremo de la vagina de la mujer, se interpenetran sus canales centrales y, como resultado, el aire descendente evacuador localizado en sus lugares secretos asciende. Esto hace que el fuego interno en sus ombligos empiece a arder y las gotas blancas o rojas se derritan y fluyan por sus canales, pero no por el canal central. Debido a ello disfrutan de un gozo contaminado durante un periodo de tiempo muy breve. Cuando los practicantes cualificados de la tercera etapa, plenitud de joyas, practican con un mudra de acción, su actividad es, por lo general, parecida a la del acto sexual ordinario, pero su calor interno arde dentro del canal central en lugar de hacerlo en los canales laterales y, por lo tanto, las

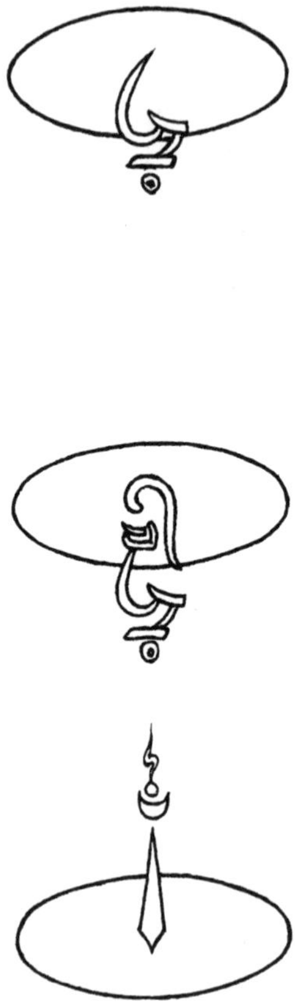

HAM, HUM, AH CORTA

gotas se derriten y fluyen dentro del canal central en lugar de ser eyaculadas con rapidez. Como resultado experimentan gran gozo espontáneo puro durante mucho tiempo. Aquí, en la cuarta etapa de la etapa de consumación, dzsoladhara, los practicantes generan y aumentan su experiencia de gran gozo espontáneo meditando en el tummo. En esta etapa, por medio de la meditación de la respiración vaso en el lugar secreto, logran encender el fuego y hacer que arda.

La meditación de la respiración vaso se describe a continuación. Primero aspiramos con suavidad por los dos orificios nasales e imaginamos que reunimos todos los aires de la parte superior de nuestro cuerpo encima de las cinco gotas dentro del canal central en el lugar secreto. A continuación contraemos ligera y suavemente las puertas inferiores, el ano y el órgano sexual, y reunimos todos los aires de la parte inferior de nuestro cuerpo debajo de las cinco gotas. Nuestra mente dentro de las cinco gotas queda encerrada entre los aires superiores e inferiores, como un valioso objeto dentro de un pequeño estuche. Luego detenemos la respiración y, al mismo tiempo que retenemos los aires superiores e inferiores en el lugar secreto, nos concentramos de manera convergente en la sílaba AH corta dentro de la gota central azul. Parte de nuestra mente piensa que la sílaba AH corta está a punto de arder. Esto se llama *encendido del fuego interno*. Cuando apenas comencemos a sentirnos incómodos, exhalamos con suavidad por los dos orificios nasales a la vez que nuestra mente permanece concentrada en la sílaba AH corta.

Luego repetimos la respiración del vaso y, al mismo tiempo que nos concentramos en la sílaba AH corta, pensamos que de ella arde una llama de calor intenso, fina como una aguja. Esta fase se denomina *avivar el ardor del fuego*. Esto hace que la sílaba HUM que está boca abajo en el corazón se derrita y gotee sobre el fuego. Esta fase recibe el nombre de *goteo de la bodhichita*. Como resultado el fuego arde con más fuerza y se calienta más, como cuando se vierte aceite en el fuego. Esto se llama *ardor especial del fuego*. Este aumento del calor hace que la sílaba HAM que está boca abajo en nuestra coronilla se derrita y de ella comience a gotear la bodhichita blanca por el canal central. Esto se denomina *goteo especial de la bodhichita*.

A medida que la bodhichita blanca fluye y gotea lentamente, experimentamos gran gozo espontáneo. Cuando finalmente la bodhichita gotea sobre el fuego interno en el lugar secreto, el fuego se debilita ligeramente durante un breve periodo de tiempo, pero nuestra experiencia de gran gozo espontáneo se hace más intensa. Luego el fuego arde todavía con más fuerza, como cuando se vierte mantequilla derretida en el fuego. Como resultado, el fuego interno arde en el lugar secreto, fundiéndose con los rayos de luz de las cinco gotas –las cinco Familias de Budas– y fluye por todos los canales de nuestro cuerpo consumiendo las gotas impuras y reuniendo las gotas puras en la bodhichita de la coronilla. Desde este lugar la bodhichita gotea de manera continua por el canal central y experimentamos gran gozo espontáneo durante mucho tiempo. Meditamos en este gozo inseparable de la vacuidad. Esta es la octava fase, *meditación en el gozo espontáneo y la vacuidad*.

CÓMO MEDITAR EN LA ETAPA INCONCEBIBLE

En la etapa de dzsoladhara alcanzamos la luz clara plena y totalmente cualificada, la luz clara ejemplar última, cuya naturaleza es la de gran gozo espontáneo que realiza la vacuidad. Cuando surgimos de esta meditación estabilizada, alcanzamos el cuerpo ilusorio, el verdadero cuerpo divino. Este cuerpo no es fruto de la imaginación, sino que es un cuerpo verdadero. Su causa sustancial es el aire indestructible sobre el que monta la mente de luz clara ejemplar última. Su aspecto es el de Heruka de color blanco junto con su consorte y el mandala completo. El cuerpo ilusorio que el practicante alcanza en esta etapa es el cuerpo ilusorio impuro porque todavía no ha abandonado las perturbaciones mentales, aún no es un Ser Superior y su mente de la luz clara del gozo todavía no realiza la vacuidad de manera directa.

Para realizar la vacuidad de manera directa con la mente muy sutil de gran gozo espontáneo, el practicante avanza a las meditaciones de la quinta etapa, la etapa inconcebible. En este contexto, *inconcebible* se refiere a los logros que solo los Seres Superiores pueden experimentar. La luz clara significativa, la unión de la luz clara significativa y el cuerpo ilusorio del camino, y la unión de los Cuerpos de la Verdad y de la Forma de un Buda son ejemplos de logros inconcebibles. La primera es la unión del gran gozo y la vacuidad, la segunda es la unión de aprendizaje y la tercera es la Unión de No Más Aprendizaje. Al practicar las meditaciones de la quinta etapa, el practicante alcanza estas tres clases de unión.

La práctica en sí consta de dos partes:

1. Práctica con la ayuda de una consorte.
2. Adiestramiento en las dos concentraciones.

PRÁCTICA CON LA AYUDA DE UNA CONSORTE

Hay tres maneras de practicar con la ayuda de una consorte. La primera es adiestrarse con un mudra de acción practicando con elaborados disfrutes, como lo hizo el rey Indrabodhi. La segunda es adiestrarse con un mudra de acción practicando disfrutes sin elaboración, como lo hizo Ghantapa. La tercera es practicar solo con el mudra de sabiduría, como lo hizo Gyalgua Ensapa. Por medio de cualquiera de estos tres métodos, el practicante de la quinta etapa realiza primero la unión del gran gozo y la vacuidad, luego la unión de aprendizaje y finalmente la Unión de No Más Aprendizaje, la iluminación.

En algunos textos, y como se ha mencionado con anterioridad, se dice que para alcanzar la luz clara ejemplar última, al final tendremos que practicar con la ayuda de un mudra de acción o esperar a que nos llegue la muerte. Esto es así en general. En particular, practicantes como Gyalgua Ensapa y muchos de sus discípulos alcanzaron la luz clara ejemplar última y la luz clara significativa y se convirtieron en Budas con el logro de la Unión de No Más Aprendizaje por medio del poder de las bendiciones de las instrucciones del linaje oral de Ganden sin practicar con la ayuda de un mudra de acción.

ADIESTRAMIENTO EN LAS DOS CONCENTRACIONES

En la primera de estas dos concentraciones comenzamos disolviendo primero todos los mundos, y después sus habitantes, en la luz clara de la vacuidad, y luego meditamos en la unión de la luz clara del gozo y la vacuidad. En la segunda, nos concentramos en disolver todos los mundos y sus habitantes simultáneamente en la luz clara de la vacuidad, y luego meditamos en la unión de la luz clara del gran gozo y la vacuidad.

Al adiestrarse en cualquiera de estas dos concentraciones, el practicante de la quinta etapa alcanza la luz clara significativa. Cuando surge de ella logra el cuerpo ilusorio puro –el cuerpo vajra– y realiza las prácticas del logro subsiguiente. En la siguiente sesión, cuando la luz clara significativa se manifiesta al realizar cualquiera de estas dos concentraciones, el practicante alcanza la unión de la luz clara significativa y el cuerpo ilusorio puro, la unión que necesita aprendizaje, y medita en esta luz clara durante tanto tiempo como desee. Como resultado de meditar una y otra vez en la luz clara significativa, tanto durante el sueño como en el estado de vigilia, esta luz clara significativa se convierte finalmente en el antídoto directo contra las apariencias duales muy sutiles –percepciones muy sutiles de que las apariencias y la vacuidad son distintas–. Entonces recibe el nombre de *concentración semejante al vajra del camino de la meditación*, que es el último momento del continuo mental de un ser sintiente. Al siguiente instante el practicante se convierte en un Buda y alcanza la Unión de No Más Aprendizaje.

DEDICACIÓN

Que gracias a las virtudes que he acumulado al escribir
este libro,
reine la paz en el mundo,
que todos los seres disfruten de una vida significativa
y que el Dharma sagrado de Buda florezca eternamente.

Apéndice 1
Instrucciones para la práctica de las cuatro grandes guías preliminares del Mahamudra

El objetivo de estas instrucciones

Como se ha mencionado en la primera parte del libro, la práctica del Mahamudra es como un coche con cuatro ruedas. Con esta práctica podemos viajar al plano de la felicidad última, el estado de la iluminación, con facilidad y rapidez. Las cuatro grandes guías preliminares son como las cuatro ruedas de un coche. Si falta una de ellas, el coche no podrá funcionar; del mismo modo, si nos falta cualquiera de las cuatro grandes guías preliminares, no podremos viajar al plano de Buda por medio de la práctica del Mahamudra.

Por lo tanto, si deseamos realmente alcanzar la liberación permanente de todos los sufrimientos de esta vida y de las incontables vidas futuras, y experimentar el gozo último de la iluminación mediante la práctica del Mahamudra, es muy importante que pongamos mucho esfuerzo en la práctica de las cuatro grandes guías preliminares. Para que esta práctica sea eficaz, he preparado estas instrucciones. Por favor, adiéstrate en ellas con sinceridad y sin distracciones; con distracciones no podremos lograr nada.

Gueshe Kelsang Gyatso,
4 de junio del 2015.
Día en que Buda giró la rueda del Dharma.

Instrucciones para la práctica de las cuatro grandes guías preliminares del Mahamudra

Las cuatro grandes guías preliminares son:

1. La gran guía preliminar del adiestramiento en la práctica sincera de refugio –la entrada al budismo– y el adiestramiento en la compasiva mente de bodhichita –la entrada al mahayana, el camino principal que nos conduce al estado de la iluminación–.
2. La gran guía preliminar del adiestramiento en la práctica de purificación –la entrada para purificar las acciones perjudiciales y las obstrucciones–.
3. La gran guía preliminar del adiestramiento en el ofrecimiento del mandala –la entrada para reunir la acumulación de méritos y alcanzar la tierra pura iluminada–.
4. La gran guía preliminar del adiestramiento en el yoga del Guru –la entrada para recibir bendiciones–.

Estas cuatro grandes guías preliminares son las prácticas preliminares especiales del Mahamudra y son un método muy poderoso para lograr nuestro objetivo.

Como se dijo en la primera parte: «Por lo general, completar las cuatro grandes guías preliminares significa acumular o contar cien mil oraciones de refugio en la práctica de refugio;

cien mil mantras en la práctica de la meditación y recitación de Vajrasatva; cien mil ofrendas del mandala en la práctica del ofrecimiento del mandala, y cien mil oraciones de súplica de *Migtsema* en la práctica del yoga del Guru».

CÓMO REALIZAR LA GRAN GUÍA PRELIMINAR DEL ADIESTRAMIENTO EN LA PRÁCTICA SINCERA DE REFUGIO

En esta práctica tenemos que generar y mantener un miedo intenso a renacer en el samsara y una fe profunda en Buda, el Dharma y la Sangha, como se expone en la primera parte. Para mantener estas dos causas de refugio, realizamos la práctica del refugio siguiendo la sadhana *Cientos de Deidades de la tierra gozosa según el tantra del yoga supremo*.

En esta gran guía preliminar debemos contar cien mil oraciones de refugio. Para ello utilizamos la sadhana que se ha mencionado. Comenzamos con la «Visualización» y seguimos hasta la «Toma de los votos del refugio mahayana». Luego, acumulamos o contamos la oración concisa de refugio, recitándola mentalmente de corazón al mismo tiempo que nos concentramos en su significado. Esta oración concisa fue compuesta por Atisha. Su traducción al español dice:

> Yo y todos los seres sintientes nos refugiamos en Buda,
> el Dharma y la Sangha
> hasta que alcancemos la iluminación.

A continuación se expone el significado de esta oración. La palabra *Yo* nos recuerda nuestra renuncia, el deseo de liberarse uno mismo de manera permanente del sufrimiento, y *todos los seres sintientes* nos recuerda nuestra compasión universal, el deseo de liberar de manera permanente a todos los seres sintientes del sufrimiento. Al recitar: *«nos refugiamos en Buda, el Dharma y la Sangha hasta que alcancemos la iluminación»*, estamos tomando la determinación y haciendo la promesa de refugiarnos con sinceridad en Buda, el Dharma y la Sangha durante toda la vida y vida tras vida hasta que alcancemos la iluminación. Esta promesa, que es el voto del refugio mahayana, motivada por la renuncia y la compasión nos impide renacer como un animal, un espíritu ávido o un ser de los infiernos. Y es la causa para alcanzar un renacimiento humano perfecto, que nos brinda la oportunidad de practicar con pureza el Budadharma del tantra del yoga supremo vida tras vida hasta que alcancemos la iluminación. No hay nada que tenga mayor significado que esto.

Después de haber rezado y contado la oración concisa de refugio, terminamos las prácticas restantes de *Cientos de Deidades de la tierra gozosa según el tantra del yoga supremo*, desde «Toma del voto del Bodhisatva según el tantra del yoga supremo» hasta completar la última «Dedicación».

Como se ha mencionado en la segunda parte, muchas personas tienen dificultades para concentrarse en el significado de las oraciones cuando las recitan en voz alta porque el sonido interfiere en la concentración. Por lo tanto, hemos de acostumbrarnos a recitar las oraciones mentalmente, de corazón, sin ningún sonido, para lo cual es preciso que memoricemos las oraciones que hagamos a diario.

CÓMO REALIZAR LA GRAN GUÍA PRELIMINAR DEL ADIESTRAMIENTO EN LA PRÁCTICA DE PURIFICACIÓN

Como resultado de las acciones perjudiciales de menospreciar a Buda, el Dharma y a la Sangha en vidas pasadas, los animales no tienen la oportunidad de escuchar ni practicar el Dharma.

Aunque los seres humanos disfrutamos de dicha oportunidad, la gran mayoría no tiene interés en el Dharma; y a los que lo tienen, cuando lo escuchan, les resulta difícil creer en lo que dice el Dharma; cuando lo contemplan, no sienten alegría y cuando meditan, no alcanzan realizaciones. Tienen tantos obstáculos externos e internos que no consiguen practicar el Dharma con pureza. Estos son también los resultados de las acciones perjudiciales de haber menospreciado a Buda, el Dharma y a la Sangha en vidas anteriores.

Debemos saber que experimentamos diversas clases de sufrimiento y problemas solo debido a que han madurado los potenciales de las acciones perjudiciales o karma. En particular, las acciones perjudiciales o inapropiadas son los obstáculos principales que nos impiden alcanzar realizaciones de Dharma, la verdadera protección del sufrimiento y son las causas principales de todo nuestro sufrimiento en esta vida y en incontables vidas futuras. Si lo entendemos y contemplamos, generaremos un intenso arrepentimiento de haber acumulado diversas clases de acciones perjudiciales en nuestras incontables vidas pasadas y hacemos la promesa de purificarlas todas ahora mismo. Meditamos en esta resolución durante un rato y ponemos esta determinación en práctica.

Luego pensamos: «Buda enseñó muchos métodos diferentes para purificar las acciones perjudiciales, las caídas morales y los compromisos quebrantados pero el método supremo es la práctica de la meditación y recitación de Vajrasatva. Esta práctica es un método científico que utiliza la tecnología tántrica para purificar la mente y transformarla de impura a pura».

Todos los Budas se manifiestan bajo el aspecto de Vajrasatva en particular con el objetivo de purificar las mentes de los seres sintientes. Por ello, la práctica de la meditación y recitación de Vajrasatva es superior a otras prácticas de purificación. Pensamos de este modo y generamos y mantenemos una fe y convicción profundas en esta práctica.

CÓMO PRACTICAR LA MEDITACIÓN Y RECITACIÓN DE VAJRASATVA

Como gran guía preliminar del Mahamudra debemos seguir la sadhana *Cientos de Deidades de la tierra gozosa según el tantra del yoga supremo*. Comenzamos con la «Visualización» de los objetos de refugio y seguimos hasta la «Purificación», la tercera de las siete ramas. Luego realizamos la práctica de la sadhana concisa de Vajrasatva como se expone a continuación.

SADHANA CONCISA DE VAJRASATVA

Visualización

Sobre mi coronilla, sobre un asiento de luna, en el centro de un loto de ocho pétalos está sentado Guru Vajrasatva con su consorte, que es uno de manera inseparable con todos los Budas de las diez direcciones. Su cuerpo es de luz blanca y me contempla con una mirada compasiva.

Medita brevemente en esta visualización.

Súplica

¡Oh, Guru Vajrasatva!, eres mi único refugio.
Por favor, purifica de manera permanente todas mis acciones perjudiciales, caídas morales y apariencias y concepciones ordinarias. (x3)

Al mismo tiempo que te concentras en el significado de esta súplica, recita mentalmente, de corazón, el siguiente mantra y cuenta o acumula las recitaciones:

OM VAJRASATVA SARVA SIDHI HUM

En respuesta a mi súplica, Vajrasatva Padre y Madre se funden en luz blanca, entran por mi coronilla y se disuelven en la oscuridad interna de mis acciones perjudiciales, caídas morales y apariencias y concepciones ordinarias en mi corazón. Mis acciones perjudiciales, caídas morales y apariencias y concepciones ordinarias se purifican para siempre.

Medita brevemente en esta creencia.

Luego terminamos las restantes prácticas de Cientos de Deidades de la tierra gozosa según el tantra del yoga supremo, *desde el* «Regocijo» *hasta el final de la* «Dedicación».

CÓMO REALIZAR LA GRAN GUÍA PRELIMINAR DEL ADIESTRAMIENTO EN LA PRÁCTICA DEL OFRECIMIENTO DEL MANDALA

Realizamos esta práctica como se expone a continuación. Mediante la contemplación de que todos los fenómenos que normalmente percibimos no existen, como se expone en la primera parte del libro, debemos dejar por completo de percibir los fenómenos que normalmente vemos o percibimos, que son las apariencias ordinarias. Luego transformamos todo el universo en la tierra pura de Buda por medio de nuestra creencia correcta y ofrecemos este universo completamente puro, la tierra pura de Buda, a Guru Sumati Buda Heruka, que está rodeado de todos los Budas de las diez direcciones.

En esta gran guía preliminar, hacemos cien mil ofrecimientos del mandala. Para ello utilizamos la sadhana *Cientos de Deidades de la tierra gozosa según el tantra del yoga supremo*. Comenzamos con la «Visualización» de los objetos de refugio y seguimos hasta el «Ofrecimiento del mandala». Luego hacemos ofrecimientos del mandala, y los contamos, con una oración del ofrecimiento conciso del mandala, recitándola mentalmente, de corazón, al mismo tiempo que nos concentramos en su significado. La oración del ofrecimiento conciso del mandala dice así:

Guru Sumati Buda Heruka, que estás rodeado de
todos los Budas de las diez direcciones, te ofrezco
cien mil millones de los cuatro continentes, todo el
universo
transformado en la tierra pura de Buda por el poder
de mi creencia correcta.
¡Que pueda alcanzar con rapidez la iluminación
para que sin esfuerzo beneficie a todos los seres
sintientes!

IDAM GURU RATNA MANDALAKAM NIRIATAYAMI

Después de hacer y contar los ofrecimientos del mandala terminamos el resto de la sadhana, desde la «Recitación de la oración de súplica de *Migtsema* según el tantra del yoga supremo» hasta la última «Dedicación».

CÓMO REALIZAR LA GRAN GUÍA PRELIMINAR DEL ADIESTRAMIENTO EN LA PRÁCTICA DEL YOGA DEL GURU

En esta práctica rezamos cien mil veces la oración de súplica de *Migtsema* según el tantra del yoga supremo. Para ello utilizamos la sadhana *Cientos de Deidades de la tierra gozosa según el tantra del yoga supremo*. Comenzamos con la «Visualización» de los objetos de refugio y seguimos hasta la «Recitación de la oración de súplica de *Migtsema* según el tantra del yoga supremo». Luego recitamos mentalmente, de corazón, esta oración de súplica de *Migtsema* concentrándonos en su significado y contamos las recitaciones que realizamos. La oración de súplica de *Migtsema* según el tantra del yoga supremo dice así:

¡Oh, Guru Sumati Buda Heruka!, síntesis de los tres
linajes en uno,
te suplico que disipes mis obstáculos externos e
internos,

hagas madurar mi continuo mental, me liberes de la apariencia dual
y me bendigas para que sin esfuerzo beneficie a todos los seres sintientes.

Por medio de la práctica de recitación de esta oración de súplica podemos lograr cuatro objetivos. Con el primer verso llamamos al ser iluminado Guru Sumati Buda Heruka, que es inseparable de nuestro Guru raíz, Yhe Tsongkhapa, Buda Shakyamuni y Heruka, y le pedimos que bendiga nuestro cuerpo, palabra y mente. Con el segundo verso le suplicamos que pacifique y elimine nuestros obstáculos externos, causados por las circunstancias externas, y nuestros obstáculos internos, nuestros engaños. Con el tercer verso le pedimos que haga madurar nuestra naturaleza de Buda o semilla de Buda y que nos libere de la apariencia dual, y con el cuarto verso le suplicamos que nos confiera la capacidad de beneficiar sin esfuerzo a todos los seres sintientes. Podemos lograr estos objetivos gracias a las poderosas bendiciones de Guru Sumati Buda Heruka que recibiremos como resultado de nuestras súplicas sinceras.

Después de las recitaciones de la oración de súplica de *Migtsema* terminamos el resto de las prácticas, desde la «Súplica al Señor de Todos los Linajes» hasta la última «Dedicación».

Practicar la oración de súplica de *Migtsema* tiene la misma función que realizar la práctica completa de *Cientos de Deidades de la tierra gozosa según el tantra del yoga supremo*. Es la instrucción del linaje oral que procede de la *Escritura de emanación Ganden* y es una oración muy bendecida. Debemos guardar esta oración en el corazón como nuestra práctica diaria.

Cuando practiquemos cualquiera de estas cuatro grandes guías preliminares, si hacemos más de una sesión al día, las sesiones subsiguientes se realizan del mismo modo que la primera.

Apéndice 2
Oración liberadora

ALABANZA A BUDA SHAKYAMUNI

¡Oh, Ser Bienaventurado, Shakyamuni Buda!,
precioso tesoro de compasión,
que concedes la paz interior suprema.

Tú, que amas a todos los seres sin excepción,
eres la fuente de toda felicidad y bondad,
y nos guías por el camino liberador.

Tu cuerpo es una gema que colma todos los deseos,
tu palabra, el néctar purificador supremo,
y tu mente, el refugio de todos los seres sintientes.

Con las manos juntas en señal de respeto, a ti me dirijo,
amigo supremo y fiel,
y te suplico desde lo más profundo de mi corazón:

Por favor, concédeme la luz de tu sabiduría
para disipar la oscuridad de mi mente
y sanar mi continuo mental.

Aliméntame con tu bondad
para que pueda ofrecer a los demás
un banquete de continuos deleites.

Gracias a tu compasiva intención,
tus bendiciones y obras virtuosas,
y mi sincero deseo de confiar en ti,

que todo el sufrimiento desaparezca de inmediato,
que disfrutemos de alegría y felicidad,
y el Dharma sagrado florezca sin cesar.

Colofón: Esta oración ha sido compuesta por el venerable Gueshe Kelsang Gyatso Rimpoché y traducida bajo su compasiva guía. Se recita antes de comenzar cualquier enseñanza, meditación u oración en los centros de budismo kadampa de todo el mundo.

Apéndice 3

El camino rápido al gran gozo

SADHANA EXTENSA DE LA AUTOGENERACIÓN
COMO VAJRAYOGUINI

por
Yhe Phabongkhapa

Guru Vajradharma

Introducción

Las instrucciones de la práctica del tantra del yoga supremo de la venerable Vajrayoguini fueron reveladas por Buda Vajradhara en los capítulos cuarenta y siete y cuarenta y ocho del *Tantra raíz conciso de Heruka*. Este linaje de instrucciones en particular, el de Narokhacho, lo recibió Naropa directamente de Vajrayoguini y a partir de él se fue transmitiendo a través de una sucesión ininterrumpida de practicantes realizados hasta los maestros del presente.

Tras revelar esta práctica, Buda Vajradhara dejó intactos los mandalas de Heruka y Vajrayoguini en veinticuatro lugares auspiciosos de este mundo. Así pues, incluso hoy día existen incontables manifestaciones de Vajrayoguini en este mundo, que ayudan a los practicantes sinceros a alcanzar realizaciones bendiciendo su continuo mental.

La práctica de Vajrayoguini es idónea para los tiempos presentes por muchas razones. Si confiamos en esta práctica con sinceridad, mantenemos un buen corazón y fe, es definitivo que podremos alcanzar la iluminación total; pero, para lograr este fruto, debemos practicar la sadhana extensa con regularidad.

Esta sadhana, *El camino rápido al gran gozo*, fue compuesta por el gran Yhe Phabongkhapa. En comparación con otras no es muy extensa, pero contiene todas las prácticas esenciales del mantra secreto. Para tener éxito en la práctica de esta sadhana, primero hemos de recibir la iniciación de Vajrayoguini y luego estudiar instrucciones auténticas sobre este adiestramiento tales como las que se encuentran en la *Nueva guía del*

Paraíso de las Dakinis. Esta sadhana es apropiada tanto para la práctica diaria como para retiro y se puede realizar en solitario o en grupo.

Gueshe Kelsang Gyatso,
1985.

El camino rápido al gran gozo

EL YOGA DE LOS INCONMENSURABLES

Refugio

Ante mí en el espacio aparece Guru Chakrasambara, Padre y Madre, rodeado de la asamblea de los Gurus raíz y del linaje, Yidams, Tres Joyas, Asistentes y Protectores.

Imagina que tú y todos los seres sintientes os refugiáis en las Tres Joyas y recitáis la siguiente oración tres veces:

Yo y todos los seres sintientes, innumerables como
el espacio infinito,
desde este momento hasta que alcancemos la esencia de
la iluminación,
nos refugiamos en los gloriosos y sagrados Gurus,
nos refugiamos en los Budas perfectos, los Seres
Bienaventurados,
nos refugiamos en el Dharma sagrado,
nos refugiamos en la Sangha Superior. (x3)

Generación de bodhichita

Genera la mente de bodhichita y los cuatro inconmensurables mientras recitas tres veces:

Una vez que haya alcanzado el estado de la iluminación total, la Budeidad, voy a liberar a todos los seres sintientes del océano del sufrimiento del samsara y a conducirlos al gozo de la iluminación completa. Con este propósito voy a practicar las etapas del camino de Vajrayoguini. (x3)

Bendiciones

Con las palmas de las manos juntas recita:

En los Gurus y en las Tres Joyas Preciosas me refugio y ante ellos me postro. Por favor, bendecid mi continuo mental.

Debido a esta recitación:

Los objetos de refugio ante mí se funden en forma de rayos de luz blanca, roja y azul, que se disuelven en mí y recibo así las bendiciones de su cuerpo, palabra y mente.

Autogeneración instantánea

En un instante me transformo en la venerable Vajrayoguini.

Bendición de la ofrenda interna

Purifica la ofrenda interna con el mantra pronunciado por los cuatro rostros [de Heruka] o con la siguiente práctica:

OM KHANDAROHI HUM HUM PHET
OM SOBHAUA SHUDDHA SARVA DHARMA SOBHAUA SHUDDHO HAM
Todo se convierte en la vacuidad.

Del estado de la vacuidad, de la sílaba YAM aparece aire, de RAM fuego, de AH un trípode de tres cabezas humanas. Sobre él, de AH aparece un amplio y extenso cráneo, dentro del cual, de OM, KHAM, AM, TRAM y HUM aparecen los cinco néctares; de LAM, MAM, PAM, TAM y BAM aparecen las cinco carnes; todos ellos marcados con su sílaba correspondiente. Con el soplo del viento, el fuego arde y las sustancias dentro del cráneo se funden. Por encima, de HUM aparece una khatanga de color blanco, boca abajo, que cae dentro del cráneo y se derrite, con lo cual las sustancias adquieren el color del mercurio. Sobre el cráneo aparecen tres hileras de vocales y consonantes, una

por encima de la otra, que se transforman en OM AH HUM. De ellas, rayos de luz absorben el néctar de la sabiduría excelsa de los corazones de todos los Tathagatas, Héroes y Yoguinis de las diez direcciones. Al añadirlo [al recipiente] el contenido aumenta y deviene inagotable.
OM AH HUM (x3)

Bendición de las ofrendas externas

Bendice ahora las dos ofrendas de agua y las de flores, incienso, luces, perfume, manjares y música.

OM KHANDAROHI HUM HUM PHET
OM SOBHAUA SHUDDHA SARVA DHARMA SOBHAUA SHUDDHO HAM
Todo se convierte en la vacuidad.

Del estado de la vacuidad, de KAMs aparecen recipientes de cráneos, dentro de los cuales de HUMs aparecen las sustancias de las ofrendas. Su naturaleza es la vacuidad, tienen el aspecto de cada una de las sustancias de las ofrendas y son los objetos de deleite de los seis sentidos, que conceden el gozo especial no contaminado.

OM AHRGHAM AH HUM
OM PADIAM AH HUM
OM VAJRA PUPE AH HUM
OM VAJRA DHUPE AH HUM
OM VAJRA DIVE AH HUM
OM VAJRA GENDHE AH HUM
OM VAJRA NIUDE AH HUM
OM VAJRA SHAPTA AH HUM

Meditación y recitación de Vajrasatva

Sobre mi coronilla, sobre un loto y un asiento de luna, están sentados Vajrasatva, Padre y Madre, abrazados. Sus cuerpos son de color blanco, tienen un rostro y dos brazos, y sostienen un vajra y una campana, un cuchillo curvo y un cráneo. El Padre está adornado con seis mudras y la Madre con cinco. Están sentados en la postura del vajra y del loto. Sobre una luna en su corazón reposa la sílaba HUM rodeada del rosario del mantra. De ello desciende un torrente de néctar que purifica todas las enfermedades, espíritus, impurezas y obstrucciones.

OM VAJRA HERUKA SAMAYA, MANU PALAYA, HERUKA TENO PATITA, DRIDHO ME BHAUA, SUTO KAYO ME BHAUA, SUPO KAYO ME BHAUA, ANURAKTO ME BHAUA, SARVA SIDDHI ME PRAYATZSA, SARVA KARMA SUTZSA ME, TZSITAM SHRIYAM KURU HUM, HA HA HA HA HO BHAGAVEN, VAJRA HERUKA MA ME MUNTSA, HERUKA BHAUA, MAHA SAMAYA SATTO AH HUM PHET

Recita el mantra veintiuna veces y luego contempla:

Vajrasatva, Padre y Madre, se disuelven en mí y mis tres puertas devienen inseparables de su cuerpo, palabra y mente.

EL YOGA DEL GURU

Visualización

En el espacio ante mí, surgida de la apariencia de la excelsa sabiduría de pureza y claridad no duales, se halla una mansión celestial, cuadrada, con cuatro puertas, ornamentos y dinteles, completa con todas las características esenciales. En el centro, sobre un trono adornado con joyas y sostenido por ocho grandes leones, sobre un asiento de loto de varios colores, un sol y una luna, está sentado mi bondadoso Guru raíz bajo el aspecto de Buda Vajradharma. Su cuerpo es de color rojo, tiene un rostro y dos manos cruzadas a la altura del corazón con las que sostiene un vajra y una campana. Tiene el cabello recogido en un moño y está sentado con las piernas cruzadas en la postura vajra. Aparece bajo el aspecto de un joven de dieciséis años en el primor de su juventud, ataviado con sedas y todos los ornamentos de hueso y joyas.

Comenzando delante de él y rodeándolo hacia su izquierda se hallan todos los Gurus del linaje, desde Buda Vajradhara hasta mi Guru raíz. Tienen el aspecto del Héroe Vajradharma, sus cuerpos son de color rojo, tienen un rostro y dos brazos. Con la mano derecha tocan un damaru que reverbera con el sonido del gozo y la vacuidad. Con la mano izquierda sostienen un cráneo lleno de néctar a la altura del corazón, y con el pliegue del codo izquierdo, una khatanga. Están sentados con las piernas cruzadas en la postura vajra. En el primor de su juventud, están adornados con seis ornamentos de hueso.

El Principal y todo su séquito tienen en la frente OM, en la garganta AH y en el corazón HUM. De las sílabas HUM en sus corazones irradian rayos de luz que invitan a los Gurus, Yidams, a todas las Deidades del mandala y a la asamblea de Budas, Bodhisatvas, Héroes, Dakinis, Dharmapalas y Protectores a que acudan al espacio ante mí desde sus moradas naturales.

OM VAJRA SAMADZSA DZSA HUM BAM HO
Ahora cada uno de ellos es por naturaleza la síntesis de todos los objetos de refugio.

Postración

Junta las palmas de las manos y recita:

Sostenedor del Vajra, mi Guru cual gema preciosa,
gracias a tu bondad puedo realizar

el estado de gran gozo en un instante;
a tus pies de loto, con humildad, me postro.

De mi corazón emano Diosas portadoras de ofrendas y realizan los ofrecimientos.

Ofrendas externas

OM AHRGHAM PARTITZSA SOHA
OM PADIAM PARTITZSA SOHA
OM VAJRA PUPE AH HUM SOHA
OM VAJRA DHUPE AH HUM SOHA
OM VAJRA DIVE AH HUM SOHA
OM VAJRA GENDHE AH HUM SOHA
OM VAJRA NIUDE AH HUM SOHA
OM VAJRA SHAPTA AH HUM SOHA

OM AH VAJRA ADARSHE HUM
OM AH VAJRA VINI HUM
OM AH VAJRA GENDHE HUM
OM AH VAJRA RASE HUM
OM AH VAJRA PARSHE HUM
OM AH VAJRA DHARME HUM

Ofrenda interna

OM GURU VAJRA DHARMA SAPARIUARE OM AH HUM

Ofrenda secreta

Contempla que innumerables Diosas de Conocimiento, como Pemachen, emanan de tu corazón y adquieren la forma de Vajrayoguini. Entonces, Guru Padre y Madre se abrazan y generan un gozo no contaminado.

Ofrezco los más atractivos mudras ilusorios,
una multitud de mensajeras nacidas en los lugares, nacidas del mantra y nacidas de forma espontánea,

de cuerpos esbeltos, diestras en las sesenta y cuatro artes del amor,
y con el esplendor de la belleza de su juventud.

Ofrenda de la talidad

Recuerda que los tres círculos del ofrecimiento son el gozo y la vacuidad inseparables.

Ofrezco la suprema bodhichita última,
la gran sabiduría excelsa del gozo espontáneo libre de obstrucciones,
inseparable de la naturaleza de todos los fenómenos, la esfera libre de conceptos,
sin esfuerzo y más allá de palabras, pensamientos y expresiones.

Ofrenda de nuestra práctica espiritual

En las Tres Joyas me refugio
y confieso todas y cada una de mis malas acciones.
Me regocijo de las virtudes de todos los seres
y me comprometo a realizar la iluminación de un Buda.

Me refugio hasta que alcance la iluminación
en Buda, el Dharma y la Asamblea Suprema,
y a fin de lograr los objetivos propio y de los demás
voy a generar la mente de la iluminación.

Una vez que haya generado la mente de la suprema iluminación
voy a tratar a todos los seres sintientes como a mis huéspedes
y a emprender las supremas y gozosas prácticas de la perfección.
¡Que alcance la Budeidad para beneficiar a los seres migratorios!

Ofrecimiento del tsog Kusali

Mi propia mente, la poderosa Dama de la Tierra de las Dakinis, del mero tamaño de un pulgar, emerge por mi coronilla y llega ante mi Guru situándose ante él cara a cara. De nuevo, retorno, escindo el cráneo de mi viejo cuerpo y lo coloco sobre un trípode de tres cabezas humanas que aparece de manera instantánea. Troceo el resto de mi carne, sangre y huesos, y lo amontono en su interior. Mirándolo con los ojos bien abiertos, lo purifico, transformo e incremento en un océano de néctar.
OM AH HUM HA HO HRIH (x3)

De mi corazón emano innumerables Diosas de ofrendas que sostienen cráneos. Con ellos recogen el néctar y lo ofrecen a los convidados que beben de él absorbiéndolo a través de un canal de luz vajra que emiten de sus lenguas.

Ofrezco este néctar de la sustancia de compromiso
a mi Guru raíz, que posee la naturaleza de los cuatro cuerpos [de un Buda];
que seas complacido.
OM AH HUM (x7)

Ofrezco este néctar de la sustancia de compromiso
a los Gurus del linaje, fuente de las realizaciones;
que seáis complacidos.
OM AH HUM

Ofrezco este néctar de la sustancia de compromiso
a la asamblea de Gurus, Yidams, Tres Joyas y Protectores;
que seáis complacidos.
OM AH HUM

Ofrezco este néctar de la sustancia de compromiso
a los guardianes que residen en los lugares locales y regionales;

que podáis asistirme.
OM AH HUM

Ofrezco este néctar de la sustancia de compromiso
a todos los seres sintientes de los seis reinos y del estado intermedio;
que seáis liberados.
OM AH HUM

Con este ofrecimiento los convidados quedan saciados con un gozo no contaminado
y los seres sintientes alcanzan el Cuerpo de la Verdad, libre de obstrucciones.
Los tres círculos del ofrecimiento poseen la naturaleza no dual del gozo y la vacuidad, más allá de palabras, pensamientos y expresiones.

Ofrecimiento del mandala

OM VAJRA BHUMI AH HUM
la grandiosa y poderosa base de oro,
OM VAJRA REKHE AH HUM
rodeada en su confín por el vallado férreo.
En el centro el Monte Meru, rey de las montañas,
y a su alrededor los cuatro continentes:
en el este Purvavideha, en el sur Yhambudipa,
en el oeste Aparagodaniya, y en el norte Utarakuru.
Cada uno tiene dos subcontinentes:
Deha y Videha, Tsamara y Abatsamara,
Satha y Utaramantrina, Kurava y Kaurava.
La montaña de joyas, el árbol que colma los deseos,
la vaca que colma los deseos
y la cosecha sin cultivar.
La rueda preciosa, la joya preciosa,
la reina preciosa, el ministro precioso,
el elefante precioso, el supremo caballo precioso,

el general precioso y la gran vasija de los tesoros.
La diosa de la belleza, la diosa de las guirnaldas,
la diosa de la música, la diosa de la danza,
la diosa de las flores, la diosa del incienso,
la diosa de la luz y la diosa del perfume.
El sol y la luna, la sombrilla preciosa
y la bandera de la victoria en todas las direcciones.
En el centro, todos los tesoros humanos y divinos.
Esta magnífica colección que no carece de nada
os la ofrezco a ti, mi bondadoso maestro raíz, a los maestros del linaje
y a todos los gloriosos y sagrados Gurus.
Aceptadla con compasión por los seres migratorios
y, tras haberla aceptado, concedednos, por favor, vuestras bendiciones.

¡Oh, Tesoro de Compasión!, mi Refugio y Protector,
os ofrezco la montaña, los continentes, los objetos preciosos, la vasija de los tesoros, el sol y la luna,
surgidos de mis agregados, fuentes y elementos
como aspectos de la excelsa sabiduría del gozo espontáneo y la vacuidad.

Aceptad, por favor, los objetos de mi apego, odio e ignorancia,
mi amigo, enemigo y desconocido, así como mi cuerpo y posesiones,
que sin sentimiento de pérdida os ofrezco.
Y bendecidme para que me libere de los tres venenos mentales.

IDAM GURU RATNA MANDALAKAM NIRIATAYAMI

Súplica a los Gurus del linaje

Vajradharma, Señor de la familia del océano de los
Vencedores,
Vajrayoguini, Madre suprema de los Vencedores,
Naropa, poderoso Hijo de los Vencedores,
os suplico, concededme la sabiduría excelsa nacida de
manera espontánea.

Pamtingpa, sostenedor de las explicaciones de los grandes
secretos para los discípulos,
Sherab Tseg, eres el tesoro de todos los secretos preciosos,
Malgyur Lotsaua, señor del océano del mantra secreto,
os suplico, concededme la sabiduría excelsa nacida de
manera espontánea.

Gran Sakya Lama, eres el poderoso Vajradhara,
venerable Tsonam Tsemo, supremo hijo vajra,
Dragpa Gyaltsen, corona de los Sostenedores del Vajra,
os suplico, concededme la sabiduría excelsa nacida de
manera espontánea.

Gran Sakya Pandita, maestro erudito de la Tierra de las
Nieves,
Drogon Chogyel Pagpa, corona de todos los seres de los
tres mundos,
Shangton Choyhe, sostenedor de la doctrina sakya,
os suplico, concededme la sabiduría excelsa nacida de
manera espontánea.

Nasa Dragpugpa, poderoso ser realizado,
Sonam Gyaltsen, navegante de los eruditos y de los
supremos seres realizados,
Yarlungpa, señor del linaje susurrado de la familia de los
seres realizados,
os suplico, concededme la sabiduría excelsa nacida de
manera espontánea.

Héroe Vajradharma

Gyalgua Chog, refugio y protector de todos los seres migratorios, mío y de los demás,
Yhamiang Namka, eres un gran ser,
Lodro Gyaltsen, gran ser y señor del Dharma,
os suplico, concededme la sabiduría excelsa nacida de manera espontánea.

Yhetsun Doringpa, tu bondad es inigualable,
Tenzsin Losel, has practicado de acuerdo con las palabras [de los Gurus],
Kyentse, expositor del gran linaje secreto de las palabras,
os suplico, concededme la sabiduría excelsa nacida de manera espontánea.

Labsum Gyaltsen, sostenedor de las familias del mantra,
Glorioso Uangchug Rabten, señor de las cien familias, que te manifiestas por doquier,
Yhetsun Kangyurpa, principal de las familias,
os suplico, concededme la sabiduría excelsa nacida de manera espontánea.

Shaluba, señor del océano de los mandalas, que te manifiestas por doquier,
Kyenrabyhe, principal de todos los mandalas,
Morchenpa, Señor del círculo de mandalas,
os suplico, concededme la sabiduría excelsa nacida de manera espontánea.

Nesarpa, navegante del océano de los linajes susurrados,
Losel Phuntsog, señor de los linajes susurrados,
Tenzsin Trinley, erudito que fomentaste los linajes susurrados,
os suplico, concededme la sabiduría excelsa nacida de manera espontánea.

Kangyurpa, señor que sostienes la doctrina de ganden y te manifiestas por doquier,

Ganden Dargiei, amigo de los seres migratorios en tiempos de degeneración,
Dharmabhadra, sostenedor de la tradición ganden,
os suplico, concededme la sabiduría excelsa nacida de manera espontánea.

Losang Chopel, señor de los Sutras y Tantras,
has completado la esencia de los caminos de todos los Sutras y Tantras.
Yhigme Uangpo, erudito que fomentaste los Sutras y Tantras.
Os suplico, concededme la sabiduría excelsa nacida de manera espontánea.

Dechen Ñingpo, tienes las bendiciones de Naropa
para explicar con perfección de acuerdo con él
la esencia de los excelentes caminos de la Dakini Naro que liberan y realizan,
te suplico, concédeme la sabiduría excelsa nacida de manera espontánea.

Losang Yeshe, Vajradhara,
eres un tesoro de instrucciones sobre los caminos de la Reina Vajra que liberan y realizan,
el camino supremo y rápido para alcanzar el estado vajra,
te suplico, concédeme la sabiduría excelsa nacida de manera espontánea.

Kelsang Gyatso, has realizado todos los profundos y esenciales estados excelsos,
eres el Refugio y Protector compasivo de todos los maternales seres sintientes,
has revelado el camino perfecto,
te suplico, concédeme la sabiduría excelsa nacida de manera espontánea. (x3)

Mi bondadoso Guru raíz, Vajradharma,
eres la personificación de todos los Vencedores
y otorgas las bendiciones de la palabra de todos los Budas,
te suplico, concédeme la sabiduría excelsa nacida de manera espontánea.

Bendecidme, por favor, para que por medio de la meditación
del yoga de la Dakini de la profunda etapa de generación
y del yoga del canal central de la etapa de consumación,
pueda generar la sabiduría excelsa del gran gozo espontáneo y alcanzar el estado iluminado de la Dakini.

Bendiciones de las cuatro iniciaciones

¡Oh, Guru, que reúnes en ti todos los objetos de refugio!,
concédeme tus bendiciones,
confiéreme por completo las cuatro iniciaciones
y otórgame, por favor, el estado de los cuatro cuerpos.
(3x)

Contempla que como resultado de tus súplicas:

Rayos de luz blanca y néctar irradian de la sílaba OM en la frente de mi Guru,
se disuelven en mi frente y purifican las faltas y obstrucciones de mi cuerpo.
Recibo la iniciación de la bumpa y las bendiciones del cuerpo de mi Guru impregnan mi cuerpo.

Rayos de luz roja y néctar irradian de la sílaba AH en la garganta de mi Guru,
se disuelven en mi garganta y purifican las faltas y obstrucciones de mi palabra.
Recibo la iniciación secreta y las bendiciones de la palabra de mi Guru impregnan mi palabra.

Rayos de luz azul y néctar irradian de la sílaba HUM en el corazón de mi Guru,
se disuelven en mi corazón y purifican las faltas y obstrucciones de mi mente.
Recibo la iniciación del mudra de la sabiduría y las bendiciones de la mente de mi Guru impregnan mi mente.

Rayos de luz blanca, roja, azul y néctar irradian de las sílabas en los tres lugares de mi Guru,
se disuelven en mis tres lugares y purifican las faltas y obstrucciones de mi cuerpo, palabra y mente.
Recibo la cuarta iniciación, la iniciación de la palabra preciosa, y las bendiciones del cuerpo, palabra y mente de mi Guru impregnan mi cuerpo, palabra y mente.

Súplica concisa

Mi precioso Guru, esencia de todos los Budas de los tres tiempos, por favor, bendice mi continuo mental. (x3)

Absorción del Guru

Una vez realizada esta súplica, los Gurus del linaje que están alrededor de mi Guru se disuelven en él. Mi Guru raíz, movido por su afecto hacia mí, se funde en forma de luz roja, entra por mi coronilla y se mezcla de manera inseparable con mi mente, que posee el aspecto de la sílaba roja BAM, en mi corazón.

EL YOGA DE LA AUTOGENERACIÓN

Transformación de la muerte en el camino del Cuerpo de la Verdad

Esta sílaba BAM se expande y extiende hasta los confines del espacio, con lo cual todos los mundos y los seres adquieren la naturaleza del gozo y la vacuidad. De nuevo, contrayéndose de manera gradual desde los confines, se convierte en una diminuta sílaba BAM, que se disuelve en etapas, de abajo arriba, hasta la nada. A continuación, incluso la nada desaparece y se transforma en el Cuerpo de la Verdad del gozo y la vacuidad inseparables.

OM SHUNYATA GIANA VAJRA SOBHAUA EMAKO HAM

Transformación del estado intermedio en el camino del Cuerpo de Deleite

Del estado de la vacuidad, donde todas las apariencias se han aunado de este modo, aparece una sílaba BAM de color rojo alzada en el espacio, en esencia un aspecto de mi propia mente, la excelsa sabiduría del gozo y la vacuidad no duales.

Transformación del renacimiento en el camino del Cuerpo de Emanación

Del estado de la vacuidad, de EH EH surge el origen de los fenómenos, un doble tetraedro de color rojo. En su interior, de AH aparece un mandala lunar blanco con un matiz rojizo. Sobre él, dispuesto en círculo hacia la izquierda se halla el mantra OM OM OM SARVA BUDDHA DAKINIYE VAJRA VARNANIYE VAJRA BEROTZSANIYE HUM HUM HUM PHET PHET PHET SOHA. Yo, la sílaba BAM en el espacio, veo la luna y, con la intención de renacer en ella, entro en su centro.

Rayos de luz irradian de la luna, de la sílaba BAM y del rosario del mantra transformando todos los mundos y los seres del samsara y del nirvana en la naturaleza de la venerable Vajrayoguini. Estos se absorben y se disuelven en la sílaba BAM y en el rosario del mantra, que se transforman en su totalidad, de una vez y por completo, en el mandala soporte y en su contenido.

Venerable Vajrayoguini

Meditación analítica del mandala y de los seres que habitan en él

Además, hay una base, un enrejado, un techo y una bóveda vajras, fuera de los cuales arde un fuego de cinco colores que gira hacia la izquierda. En su interior está el círculo de los ocho grandes cementerios, como el Sitio Feroz y los restantes. En medio de ellos se halla el origen de los fenómenos, un doble tetraedro de color rojo, con su amplia base dirigida hacia arriba y su fina punta hacia abajo. Con excepción de las esquinas de delante y de atrás, las cuatro restantes están marcadas con un remolino de gozo de color rosado que gira hacia la izquierda.

En el interior del origen de los fenómenos, en el centro de un loto de ocho pétalos de varios colores, hay un mandala solar. Sobre él aparezco en la forma de la venerable Vajrayoguini. Con la pierna derecha extendida piso los pechos de la roja Kalarati. Con la pierna izquierda doblada piso la cabeza del negro Bhairaua, que la tiene vuelta hacia atrás. Mi cuerpo es de color rojo y brilla con un resplandor como el del fuego del eón. Tengo un rostro, dos brazos y tres ojos que miran hacia la Tierra Pura de las Dakinis. Con el brazo derecho extendido y la mano dirigida hacia abajo sostengo un cuchillo curvo con un vajra como empuñadura. Con la mano izquierda sostengo en alto un cráneo lleno de sangre que vierto en mi boca. Sobre el hombro izquierdo tengo apoyada una khatanga adornada con un vajra, de la cual cuelgan un damaru, una campana y una bandera de tres cintas. Mi lisa cabellera negra me cubre la espalda hasta la cintura. En el primor de mi juventud, mis pechos son abundantes y voluptuosos, y muestro el modo de generar gozo. Mi cabeza está adornada con cinco calaveras humanas y llevo un collar de cincuenta calaveras humanas. Desnuda, estoy adornada con cinco mudras y permanezco de pie en medio de un fuego ardiente de excelsa sabiduría.

EL YOGA DE LA PURIFICACIÓN DE LOS SERES MIGRATORIOS

En mi corazón, dentro de un origen de los fenómenos, un doble tetraedro de color rojo, hay un mandala lunar. En su centro hay una sílaba BAM rodeada del rosario del mantra. De ellos irradian rayos de luz que salen por los poros de mi piel, alcanzan a todos los seres sintientes de los seis reinos, purifican sus faltas y obstrucciones así como sus impresiones, y los transforman en la forma de Vajrayoguini.

EL YOGA DE LAS BENDICIONES DE LOS HÉROES Y HEROÍNAS

Meditación sobre el mandala corporal

En mi corazón, en el centro de un origen de los fenómenos, sobre un asiento lunar, hay una sílaba BAM que posee la naturaleza de los cuatro elementos. Al abrirse se transforma en cuatro sílabas: YA, RA, LA, UA, que son las semillas de los cuatro elementos. Su naturaleza es la de los pétalos de las cuatro direcciones del canal central en el corazón, tales como el Deseoso. Estas se transforman, comenzando por la izquierda, en Lama, Khandarohi, Rupini y Dakini. En el centro, la luna creciente, la gota y la nada de la sílaba BAM, cuya naturaleza es la unión de mis gotas muy sutiles, roja y blanca, se transforman en la venerable Vajrayoguini.

Fuera de ellas, por orden, están los canales, tales como el Inmutable, de las veinticuatro zonas del cuerpo, tales como el punto frontal del cabello y la coronilla, y los veinticuatro elementos de donde se originan las uñas, los dientes y lo demás. Estos canales y elementos, que son por naturaleza inseparables, adquieren la naturaleza de las veinticuatro sílabas del mantra, OM OM y demás sílabas, dispuestas en círculo, desde el este hacia la izquierda. Estas se transforman en las ocho Heroínas de la familia del corazón: Partzsandi, Tzsendriakiya, Parbhavatiya, Mahanasa, Biramatiya, Karvariya, Lamkeshoriya y Drumatzsaya; las ocho Heroínas de la familia de la palabra: Airavatiya, Mahabhairavi, Bayubega, Surabhakiya, Shamadevi, Suvatre, Hayakarne y Khaganane; y las ocho Heroínas de la familia del cuerpo: Tzsatrabega, Khandarohi, Shaundini, Tzsatravarmini, Subira, Mahabala, Tzsatravartini y Mahabire. Son las verdaderas Yoguinis no duales con los Héroes de los veinticuatro lugares externos, tales como Puliramalaya. Los canales y elementos de las ocho puertas, tales como la boca, por naturaleza inseparables de las ocho sílabas HUM HUM y demás sílabas, se transforman en Kakase, Ulukase, Shonase, Shukarase, Yamadhati, Yamaduti, Yamadangtrini y Yamamatani. Todas ellas poseen la forma física de la venerable Dama, completas con todos los ornamentos y detalles.

Absorción de los Seres de Sabiduría y fusión de las tres Mensajeras

Realiza el mudra flameante y recita:

¡PHEM!
De la sílaba BAM en mi corazón irradian rayos de luz que salen a través de mi entrecejo en todas las direcciones e invitan a todos los Tathagatas, Héroes y Yoguinis de las diez direcciones, que aparecen bajo el aspecto de Vajrayoguini.
DZSA HUM BAM HO

Los Seres de Sabiduría son invocados, se absorben en mí, permanecen estables y quedan complacidos. Ahora, con el mudra del loto giratorio seguido del mudra del abrazo, recita:

OM YOGA SHUDDHA SARVA DHARMA YOGA SHUDDHO HAM

Mi naturaleza es la del yoga de todos los fenómenos purificados por completo.

Contempla el orgullo divino.

Armadura

En ciertas zonas de mi cuerpo aparecen mandalas lunares sobre los cuales se encuentran: en mi ombligo, OM BAM de color rojo, Vajravarahi; en mi corazón, HAM YOM de color azul, Yamani; en mi garganta, HRIM MOM de color blanco, Mohani; en mi frente, HRIM HRIM de color amarillo, Sachalani; en mi coronilla, HUM HUM de color verde, Samtrasani; y en todos mis miembros, PHET PHET de color ahumado, esencia de Chandika.

Iniciación y adorno de la coronilla

¡PHEM!
De la sílaba BAM en mi corazón irradian rayos de luz que invitan a las Deidades iniciadoras, el mandala soporte del Glorioso Chakrasambara y lo contenido en él.

¡Oh, todos vosotros, Tathagatas!, por favor, conferidme la iniciación.

Al recibir esta súplica, las ocho Deidades de las puertas destruyen los obstáculos, los Héroes recitan versos auspiciosos, las Heroínas entonan canciones vajras y las Rupavajras y otras Diosas hacen ofrendas. La Deidad principal decide otorgar la iniciación y las cuatro Madres junto con Varahi, sosteniendo bumpas adornadas con joyas preciosas llenas de los cinco néctares, me confieren la iniciación a través de la coronilla.

«Así como los Tathagatas realizaron la ablución
en el momento del nacimiento [de Buda],

del mismo modo, ahora realizamos la ablución
con el agua pura de los dioses.

OM SARVA TATHAGATA ABHIKEKATA SAMAYA SHRIYE HUM»

Con esta recitación me confieren la iniciación. Mi cuerpo se llena a rebosar, todas las faltas son purificadas y el agua sobrante de la coronilla se transforma en Vairochana Heruka, junto con la Madre, que adorna la coronilla.

Ofrendas a la autogeneración

Si estás realizando la autogeneración junto con la autoiniciación, en este momento has de bendecir las ofrendas externas.

De mi corazón emano Diosas portadoras de ofrendas que realizan los ofrecimientos.

Ofrendas externas

OM AHRGHAM PARTITZSA SOHA
OM PADIAM PARTITZSA SOHA
OM VAJRA PUPE AH HUM SOHA
OM VAJRA DHUPE AH HUM SOHA
OM VAJRA DIVE AH HUM SOHA
OM VAJRA GENDHE AH HUM SOHA
OM VAJRA NIUDE AH HUM SOHA
OM VAJRA SHAPTA AH HUM SOHA

OM AH VAJRA ADARSHE HUM
OM AH VAJRA VINI HUM
OM AH VAJRA GENDHE HUM
OM AH VAJRA RASE HUM
OM AH VAJRA PARSHE HUM
OM AH VAJRA DHARME HUM

Ofrenda interna

OM OM OM SARVA BUDDHA DAKINIYE VAJRA VARNANIYE VAJRA BEROTZSANIYE HUM HUM HUM PHET PHET PHET SOHA OM AH HUM

Ofrendas secreta y de la talidad

Para realizar las ofrendas secreta y de la talidad, imagina:

Yo, Vajrayoguini, entro en unión con Chakrasambara, que se ha transformado de mi khatanga, y genero gozo espontáneo y vacuidad.

O imagina que siendo Vajrayoguini te transformas en Heruka y con orgullo divino realiza las ofrendas secreta y de la talidad de la siguiente manera:

Con la claridad de Vajrayoguini mis senos desaparecen y genero un pene. En el lugar perfecto, en el centro de mi vagina, las dos paredes se transforman en dos testículos cual campanas, y el estambre en el pene en sí. De este modo adopto la forma del Gran Gozoso Heruka junto con la Madre Secreta Vajrayoguini, cuya naturaleza es la síntesis de todas las Dakinis.

De la esfera inobservable del lugar secreto del Padre, de una HUM de color blanco aparece un vajra del mismo color de cinco puntas, y de una BE de color rojo, una gema roja marcada en su punta con una BE de color amarillo.

De la esfera inobservable del lugar secreto de la Madre, de una AH surge un loto rojo de tres pétalos, y de una DE de color blanco, un estambre del mismo color, que simboliza la bodhichita blanca, marcado en su punta con una DE de color amarillo.

OM SHRI MAHA SUKHA VAJRA HE HE RU RU KAM AH HUM HUM PHET SOHA

Debido a que el Padre y la Madre están absortos en la unión, la bodhichita se funde. Cuando desde mi coronilla desciende a mi garganta [experimento] gozo. Cuando de mi garganta desciende a mi corazón [experimento] gozo supremo. Cuando de mi corazón desciende a mi ombligo [experimento] gozo extraordinario. Cuando de mi ombligo desciende a la punta de mi gema genero la sabiduría excelsa espontánea y permanezco absorto en la concentración del gozo y la vacuidad inseparables. Así, debido a este gozo aunado de manera inseparable con la vacuidad, permanezco en la absorción convergente de la talidad que es la vacuidad de la existencia inherente de los tres círculos del ofrecimiento y me deleito en las ofrendas secreta y de la talidad.

A continuación contempla:

De nuevo me convierto en la venerable Vajrayoguini.

Los ocho versos de alabanza a la Madre

OM NAMO BHAGAVATI VAJRA VARAHI BAM HUM HUM PHET
OM NAMO ARYA APARADZSITE TRE LOKIA MATI BIYE SHORI HUM HUM PHET
OM NAMA SARVA BUTA BHAYA VAHI MAHA VAJRE HUM HUM PHET
OM NAMO VAJRA SANI ADZSITE APARADZSITE VASHAM KARANITRA HUM HUM PHET
OM NAMO BHRAMANI SHOKANI ROKANI KROTE KARALINI HUM HUM PHET
OM NAMA DRASANI MARANI PRABHE DANI PARADZSAYE HUM HUM PHET
OM NAMO BIDZSAYE DZSAMBHANI TAMBHANI MOHANI HUM HUM PHET
OM NAMO VAJRA VARAHI MAHA YOGUINI KAME SHORI KHAGE HUM HUM PHET

YOGA DE LA RECITACIÓN VERBAL Y MENTAL

Recitación verbal

En mi corazón, dentro de un origen de los fenómenos, un doble tetraedro de color rojo, en el centro de un mandala lunar, hay una sílaba BAM rodeada del rosario del mantra de color rojo dispuesto en círculo hacia la izquierda. De ellos irradian innumerables rayos de luz roja que purifican las faltas y obstrucciones de todos los seres sintientes, y realizan ofrendas a todos los Budas. Todo el poder y la fuerza de sus bendiciones son invocados en la forma de rayos de luz roja que se disuelven en la sílaba BAM y en el rosario del mantra bendiciendo así mi continuo mental.

OM OM OM SARVA BUDDHA DAKINIYE VAJRA VARNANIYE VAJRA BEROTZSANIYE HUM HUM HUM PHET PHET PHET SOHA

Recítalo, al menos, tantas veces como hayas prometido.

Recitación mental

1) Siéntate en la postura de los siete atributos y haz descender el origen de los fenómenos, la luna y las sílabas del mantra desde el corazón hasta el lugar secreto si deseas generar gozo o hasta el ombligo si deseas generar una mente no conceptual, y enciérrala con los aires. Como si leyeras mentalmente el rosario del mantra, que está dispuesto en círculo hacia la izquierda, recítalo tres, cinco o siete veces. A continuación, mientras contienes la respiración, concéntrate en los remolinos de gozo de color rosado, que giran hacia la izquierda en las cuatro esquinas del origen de los fenómenos, con excepción de las esquinas de delante y de atrás y, sobre todo, en la nada de la BAM del centro, que está a punto de arder.

2) El remolino de gozo de color rojo, en el extremo superior del canal central, y el remolino de gozo de color blanco, en el extremo inferior, ambos del mero tamaño de un grano de cebada, se dirigen hacia el corazón girando hacia la izquierda a gran velocidad. Se mezclan en el corazón y disminuyen de tamaño de manera gradual hasta que desaparecen en la vacuidad. Concentra tu mente en la absorción del gozo y la vacuidad.

YOGA INCONCEBIBLE

De la sílaba BAM y del rosario del mantra en mi corazón irradian rayos de luz que inundan los tres reinos. El reino inmaterial se disuelve en la parte superior de mi cuerpo bajo el aspecto de rayos de luz azul. El reino de la forma se funde en la parte media de mi cuerpo bajo el aspecto de rayos de luz roja. El reino del deseo se absorbe en la parte inferior de mi cuerpo bajo el aspecto de rayos de luz blanca. Yo también me fundo en luz de manera gradual, desde abajo y desde arriba, y me disuelvo en el origen de los fenómenos, que se absorbe en la luna. Esta se funde en las treinta y dos Yoguinis, que se disuelven en las cuatro Yoguinis, y estas, en la Dama Principal del mandala corporal. La Dama Principal, a su vez, se funde en luz de manera gradual, desde abajo y desde arriba, y se disuelve en el origen de los fenómenos, que se absorbe en la luna. Esta, en el rosario del mantra. Este, en la sílaba BAM. Esta, en la cabeza de la BAM, que se disuelve en la luna creciente. Esta, en la gota. Esta se absorbe en la nada que va disminuyendo cada vez más de tamaño hasta que se disuelve en la luz clara de la vacuidad.

De la vacuidad surjo en un instante como la venerable Vajrayoguini. En ciertas zonas de mi cuerpo aparecen mandalas lunares sobre los cuales se encuentran: en mi ombligo, OM BAM de color rojo, Vajravarahi; en mi corazón, HAM YOM de color azul, Yamani; en mi garganta, HRIM MOM de color blanco, Mohani; en mi frente, HRIM HRIM de color amarillo, Sachalani; en mi coronilla, HUM HUM de color verde, Samtrasani, y en todos mis miembros, PHET PHET de color ahumado, esencia de Chandika.

Para proteger las direcciones principales y las intermedias recita dos veces el siguiente mantra:

OM SUMBHANI SUMBHA HUM HUM PHET
OM GRIHANA GRIHANA HUM HUM PHET
OM GRIHANA PAYA GRIHANA PAYA HUM HUM PHET
OM ANAYA HO BHAGAVEN VAJRA HUM HUM PHET

Yoga de las tormas

Prepara las ofrendas de la manera tradicional y purifícalas del siguiente modo:

OM KHANDAROHI HUM HUM PHET
OM SOBHAUA SHUDDHA SARVA DHARMA SOBHAUA SHUDDHO HAM
Todo se convierte en la vacuidad.

Del estado de la vacuidad, de KAMs aparecen recipientes de cráneos, dentro de los cuales de HUMs aparecen las sustancias de las ofrendas. Su naturaleza es la vacuidad, tienen el aspecto de cada una de las sustancias de las ofrendas y son los objetos de deleite de los seis sentidos, que conceden el gozo especial no contaminado.

OM AHRGHAM AH HUM
OM PADIAM AH HUM
OM VAJRA PUPE AH HUM
OM VAJRA DHUPE AH HUM
OM VAJRA DIVE AH HUM
OM VAJRA GENDHE AH HUM
OM VAJRA NIUDE AH HUM
OM VAJRA SHAPTA AH HUM

Bendición de las tormas

OM KHANDAROHI HUM HUM PHET
OM SOBHAUA SHUDDHA SARVA DHARMA SOBHAUA SHUDDHO HAM
Todo se convierte en la vacuidad.

Del estado de la vacuidad, de la sílaba YAM aparece aire, de RAM fuego, de AH un trípode de tres cabezas humanas. Sobre él, de AH aparece un amplio y extenso cráneo, dentro del cual, de OM, KHAM, AM, TRAM y HUM aparecen los cinco néctares; de LAM, MAM, PAM, TAM y BAM aparecen las cinco carnes; todos ellos marcados con su sílaba correspondiente. Con el soplo del viento, el fuego arde y las sustancias dentro del cráneo se funden. Por encima, de HUM aparece una khatanga de color blanco, boca abajo, que cae dentro del cráneo y se derrite, con lo cual las sustancias adquieren el color del mercurio. Sobre el cráneo aparecen tres hileras de vocales y consonantes, una por encima de la otra, que se transforman en OM AH HUM. De ellas, rayos de luz absorben el néctar de la sabiduría excelsa de los corazones de todos los Tathagatas, Héroes y Yoguinis de las diez direcciones. Al añadirlo [al recipiente] el contenido aumenta y deviene inagotable.
OM AH HUM (x3)

Invitación a los convidados a la ofrenda de las tormas

¡PHEM!
De la sílaba BAM en mi corazón irradian rayos de luz que invitan a la venerable Vajrayoguini y a la asamblea que la rodea –Gurus, Yidams, Budas, Bodhisatvas, Héroes, Dakinis y Protectores mundanos y del Dharma–, a que acudan desde Akanishta al espacio ante mí. De una sílaba HUM en la lengua de cada convidado aparece un vajra de tres puntas a través del cual saborean la esencia de la torma absorbiéndola por medio de un canal de luz del grosor de un grano de cebada.

Ofrecimiento de la torma principal

Ofrece la torma mientras recitas el siguiente mantra tres o siete veces:

OM VAJRA AH RA LI HO: DZSA HUM BAM HO: VAJRA DAKINI SAMAYA TON TRISHAYA HO

Ofrecimiento de la torma a las dakinis mundanas

Ofrece la torma mientras recitas el siguiente mantra dos veces:

OM KHA KHA, KHAHI KHAHI, SARVA YAKIA RAKIASA, BHUTA, TRETA, PISHATSA, UNATA, APAMARA, VAJRA DAKA, DAKI NEDAYA, IMAM BALING GRIHANTU, SAMAYA RAKIANTU, MAMA SARVA SIDDHI METRA YATZSANTU, YATIPAM, YATETAM, BHUDZSATA, PIVATA, DZSITRATA, MATI TRAMATA, MAMA SARVA KATAYA, SEDSUKHAM BISHUDHAYE, SAHAYEKA BHAVENTU, HUM HUM PHET PHET SOHA

Ofrendas externas

OM VAJRA YOGUINI SAPARIUARE AHRGHAM, PADIAM, PUPE, DHUPE, ALOKE, GENDHE, NIUDE, SHAPTA AH HUM

Ofrenda interna

OM VAJRA YOGUINI SAPARIUARE OM AH HUM

Alabanza

¡Oh, Gloriosa Vajrayoguini!,
Reina Chakravatin y Dakini,
que posees las cinco sabidurías y los tres cuerpos,
ante ti, Salvadora de todos, me postro.

A las muchas Dakinis Vajras,
que como damas de acciones mundanas,
nos liberan de nuestra esclavitud de los prejuicios,
ante todas ellas yo me postro.

Oración para contemplar el bello rostro de Vajrayoguini

El gozo y la vacuidad de los infinitos Vencedores, como en un drama,
aparecen como diferentes visiones del samsara y del nirvana;
de entre todas ellas, ahora eres la hermosa y poderosa Dama de la Tierra de las Dakinis,
te recuerdo desde lo más profundo de mi corazón, por favor, sostenme con tu afectuoso abrazo.

Eres la Madre, nacida de manera espontánea, de los Vencedores de la tierra de Akanishta,
sois las Dakinis, nacidas en la tierra, de los veinticuatro lugares,
sois las mudras de acción que existen por toda la tierra,
¡oh, venerable Dama!, tú eres para mí, el yogui, el refugio supremo.

Tú, que eres la manifestación de la vacuidad de la mente misma,
eres la verdadera BAM, la esfera de EH, en la ciudad del vajra.

Kinkara

En la tierra de las ilusiones te muestras como una temible caníbal
y como una sonriente, risueña y jovial bella doncella.

Pero por mucho que indague, ¡oh, Noble Dama!,
nunca tendré la certidumbre de que tu existencia sea verdadera.
Entonces, mi mente joven, cansada por sus conjeturas,
descansa en el indecible refugio del bosque.

¡Qué maravilla! Sal, por favor, de la esfera del Dharmakaya
y cuida de mí conforme a la verdad expresada
en el Glorioso Heruka, Rey de los Tantras,
que las realizaciones se logran con la recitación del mantra esencial supremo y cercano de la Reina Vajra.

En el solitario bosque de Odivisha
cuidaste de Vajra Ghantapa, el poderoso Sidha,
con el gozo de tus besos y abrazos, y llegó a disfrutar del abrazo supremo;
¡oh!, por favor, cuida de mí del mismo modo.

Al igual que el venerable Kusali fue conducido directamente
desde una isla en el Ganges hasta la esfera del espacio,
y al igual que cuidaste del glorioso Naropa,
por favor, condúceme a mí también a la ciudad de la Gozosa Dakini.

Gracias a la compasión de mi supremo Guru raíz y de los Gurus del linaje,
al camino de especial rapidez y profundidad del último y secreto gran tantra,
y a la pura intención superior de mí mismo, el yogui,
pueda ver pronto tu risueño rostro, ¡oh, Gozosa Dama Dakini!

Doryhe Shugden

Súplica para la consecución de los deseos

¡Oh, venerable Vajrayoguini!, por favor, guíanos a mí y a todos los seres sintientes a la Tierra Pura de las Dakinis. Concédenos, por favor, todas las realizaciones mundanas y supramundanas. (x3)

Si deseas realizar el ofrecimiento del tsog, debes incluirlo ahora. El ofrecimiento del tsog se encuentra en las páginas 218-225.

Ofrecimiento de la torma a los Protectores del Dharma en general

OM AH HUM HA HO HRIH (x3)

HUM
De tu palacio puro del gran gozo en Akanishta,
Gran Ser Poderoso emanado del corazón de Vairochana,
Doryhe Gur, soberano de todos los Protectores de la doctrina,
¡oh, Glorioso Mahakala!, acude aquí, por favor, y participa de este ofrecimiento y torma.

De Yongdui Tsel, del palacio de Yama,
y del lugar supremo de Devikoti en Yhambudipa,
Namdru Remati, soberana Dama del reino del deseo,
¡oh, Palden Lhamo!, acude aquí, por favor, y participa de este ofrecimiento y torma.

Del mandala de la esfera bhaga de apariencia y existencia,
Madre Yingchugma, Dama principal del samsara y del nirvana,
soberana de los demonios y las Dakinis, furiosa protectora de los mantras,
¡oh, Gran Madre Ralchigma!, acude aquí, por favor, y participa de este ofrecimiento y torma.

De Silgua Tsel y Haha Gopa,
de Singaling, de la montaña nevada de Ti Se,
de Darlungne y de Kaui Dragdzsong,
¡oh, Zshingkyong Uangpo!, acude aquí, por favor, y participa de este ofrecimiento y torma.

De los ocho cementerios y de Risul en el sur,
de Bodhgaya, del glorioso Samye,
de Nalatse y del glorioso Sakya,
¡oh, Legon Pomo!, acude aquí, por favor, y participa de este ofrecimiento y torma.

Del cementerio de Marutse en el nordeste,
de las rojizas colinas rocosas de Bangso en la India,
y de los supremos lugares de Darlung Dagram y otros,
¡oh, Yakya Chamdrel!, acude aquí, por favor, y participa de este ofrecimiento y torma.

Especialmente de Odiyana, la Tierra de las Dakinis,
y de tu morada natural,
rodeado por completo de Dakinis mundanas y supramundanas,
¡oh, Padre y Madre, Señor de los Cementerios!, acude aquí, por favor, y participa de este ofrecimiento y torma.

De los lugares supremos, como los de Tushita, Keajra y otros,
Gran Protector de la doctrina del segundo Vencedor,
¡los cinco linajes de Doryhe Shugden junto con vuestros séquitos!,
acudid aquí, por favor, y participad de este ofrecimiento y torma.

A vosotros os suplico y os hago ofrendas, ¡oh, multitud de Protectores de la doctrina del Vencedor!,
a vosotros os propicio y en vosotros confío, ¡oh, Grandes Protectores de las palabras del Guru!,

a vosotros me lamento e imploro, ¡oh, multitud de destructores de los enemigos de los yoguis!,
acudid aquí, por favor, y participad de este ofrecimiento y torma.

Os ofrezco una torma adornada con carne roja y sangre.
Os ofrezco bebidas alcohólicas, néctares medicinales y sangre.
Os ofrezco el sonido de grandes tambores, trompetas de fémur y címbalos.
Os ofrezco grandes estandartes de seda negra que ondean como las nubes.

Os ofrezco maravillosas atracciones, tantas como el espacio.
Os ofrezco cantos de gran sonoridad, poderosos y melodiosos.
Os ofrezco un océano de sustancias de compromiso, externas, internas y secretas.
Os ofrezco el juego de la sabiduría excelsa del gozo y la vacuidad inseparables.

Proteged la preciosa doctrina de Buda.
Aumentad el renombre de las Tres Joyas.
Fomentad las obras de los gloriosos Gurus
y colmad cualquier petición que os haga.

Súplica de perdón

Ahora recita el mantra de cien sílabas de Heruka:

OM VAJRA HERUKA SAMAYA, MANU PALAYA, HERUKA, TENO PATITA, DRIDHO ME BHAUA, SUTO KAYO ME BHAUA, SUPO KAYO ME BHAUA, ANURAKTO ME BHAUA, SARVA SIDDHI ME PRAYATZSA, SARVA KARMA SUTZSA ME, TZSITAM SHRIYAM KURU HUM, HA HA HA HA HO, BHAGAVEN, VAJRA HERUKA MA ME MUNTSA, HERUKA BHAUA, MAHA SAMAYA SATTO AH HUM PHET

Pide disculpas con la siguiente oración:

¡Oh, Protector!, sé paciente
con todas las faltas que he cometido
debido a mi desconocimiento,
incapacidad o insuficiencia.

OM VAJRA MU Los Seres de Sabiduría, los convidados a la ofrenda de la torma, se disuelven en mí y los seres mundanos retornan a sus lugares de origen.

Oraciones de dedicación

Que gracias a estas virtudes
alcance pronto el verdadero estado de la Dakini
y guíe a todos los seres sintientes,
sin excepción, al mismo estado.

Que en el momento de mi muerte los Protectores, Héroes, Heroínas y demás seres sagrados,
con flores, parasoles, banderas de la victoria,
y con ofrendas de la dulce melodía de los címbalos y otros instrumentos,
me guíen a la Tierra de las Dakinis.

Que por la verdad de las válidas Diosas,
de sus válidos compromisos
y de las supremas palabras válidas que han pronunciado,
[mis virtudes] sean la causa para que esté siempre bajo el cuidado de las Diosas.

Dedicación extensa

Si dispones de tiempo y así lo deseas, puedes terminar con las oraciones siguientes, que fueron compuestas por Tsarpa Doryhechang:

En la gran nave de libertades y dones,
enarbolando la blanca vela del recuerdo de la impermanencia,
impulsado por el viento favorable de aceptar y abandonar las acciones y sus efectos,
que me libere del temible océano del samsara.

Que al confiar en la corona de los objetos de refugio que no defraudan,
guardar en mi corazón el gran propósito de los seres migratorios, mis madres,
y limpiar mis manchas y faltas con el néctar de Vajrasatva,
esté siempre bajo el cuidado de mis compasivos y venerables Gurus.

La bella Madre de los Vencedores es la Yoguini externa,
la sílaba BAM es la suprema Reina Vajra interna,
la claridad y la vacuidad de la mente misma son la Dakini Madre secreta.
Que disfrute del juego que ve la naturaleza propia de cada una.

El entorno mundano es la mansión celestial de la sílaba EH,
y sus habitantes, los seres sintientes, son las Yoguinis de la sílaba BAM.
Que por la concentración del gran gozo de su unión,
cualquier apariencia que surja sea una apariencia pura.

Así, mediante los yogas [de igual número] que las direcciones y la luna,
pueda algún día ser guiado directamente a la ciudad de los Sostenedores del Conocimiento
por la Dama gozosa del color del coral,
de cabello suelto bermejo y atentos ojos anaranjados.

Habiendo practicado en un lugar de cadáveres con el
sindhura y la caña de langali
y habiendo errado de un lugar a otro,
que la hermosa Dama a quien se transfiera el remolino de
mi frente
me guíe a la Tierra de las Dakinis.

Cuando la Varahi interna haya destruido la cepa trepadora
del aprehensor y de lo aprehendido
y la Dama danzante que reside en mi supremo canal central
haya emergido por la puerta de Brahma a la esfera del
camino de las nubes,
pueda abrazarse y deleitarse con el Héroe, el Bebedor de
Sangre.

Que a través del yoga de la unión [de los dos aires],
meditando de manera convergente
en la diminuta semilla de los cinco aires en el loto de mi
ombligo,
que mi continuo mental quede saciado con el gozo
supremo
de las gotas fragantes que impregnan los canales de mi
cuerpo y mente.

Cuando, a través del juego risueño y sonriente de la bella
Dama
de la luz ardiente del tummo en el interior de mi canal
central,
la joven sílaba HAM se haya reblandecido por completo,
que alcance el estado del gran gozo de la unión.

Cuando la RAM de color rojo oscuro que reside en el centro
de los tres canales en mi ombligo
sea encendida con mis aires superiores e inferiores
y su fuego purificador consuma los setenta y dos mil
elementos impuros,
que mi canal central quede henchido de gotas puras.

Cuando la gota de cinco colores de mi entrecejo suba a mi coronilla
y el torrente del fluido lunar originado de ella
llegue al estambre de mi loto secreto,
quede saciada por los cuatro gozos que descienden y ascienden.

Cuando al ser alcanzados por los rayos de las cinco luces que irradian de esa gota,
todos los fenómenos estables y variables, mi cuerpo y demás objetos,
se hayan transformado en un albor resplandeciente de claros y brillantes arcoíris,
pueda, de nuevo, entrar en la morada natural, la esfera del gozo y la vacuidad.

Cuando la Yoguini de mi propia mente, la unión que trasciende el intelecto,
el estado primordial de la indecible vacuidad y claridad,
la naturaleza original libre del surgir, permanecer y cesar,
reconozca su propia entidad, quede nutrido eternamente.

Cuando mis canales, aires y gotas se hayan disuelto en la esfera de EVAM
y la mente misma haya alcanzado la gloria del Cuerpo de la Verdad del gran gozo,
que cuide de los seres migratorios, infinitos como el espacio,
con ilimitadas manifestaciones de innumerables cuerpos de la Forma.

Que gracias a las bendiciones de los Vencedores y de sus maravillosos Hijos,
a la verdad que no defrauda de la relación dependiente
y al poder y la fuerza de mi pura intención superior,
todos los ruegos de mis sinceras oraciones sean colmados.

Oraciones auspiciosas

Que sean favorables los auspicios para recibir pronto las bendiciones
de la multitud de gloriosos Gurus sagrados,
Vajradhara, el pandita Naropa y demás Gurus,
los gloriosos Señores de toda virtud y excelencia.

Que sean favorables los auspicios de la Dakini del Cuerpo de la Verdad,
la Perfección de la Sabiduría, la Madre suprema de los Vencedores,
la luz clara natural, libre desde un principio de todo concepto,
la Dama que emana y absorbe todas las cosas estables y variables.

Que sean favorables los auspicios del Cuerpo Completo de Deleite, nacido de manera espontánea,
un cuerpo radiante y hermoso, encendido con la gloria de las marcas mayores y menores,
una palabra que proclama el vehículo supremo con sesenta melodías
y una mente de gozo y claridad no conceptuales que posee las cinco sabidurías excelsas.

Que sean favorables los auspicios del Cuerpo de Emanación, nacido en los lugares,
Damas que, con sus cuerpos de la Forma en varios parajes,
colman con diferentes medios los objetivos de todos los que han de ser subyugados
conforme a sus diversos deseos.

Que sean favorables los auspicios de la Dakini suprema, nacida del mantra,
la venerable Dama del color del rubí,
con una expresión airada y sonriente, un rostro y dos

manos que sostienen un cuchillo curvo y un cráneo,
y dos piernas, una doblada y la otra estirada.

Que sean favorables los auspicios de vuestros incontables millones de emanaciones,
y de la multitud de las setenta y dos mil [Dakinis]
que eliminan todas las obstrucciones de los practicantes
y otorgan las realizaciones deseadas.

Oraciones de la tradición virtuosa

Para que la tradición de Yhe Tsongkhapa,
el Rey del Dharma, pueda florecer,
que todos los obstáculos sean pacificados
y que abunden las condiciones favorables.

Que gracias a las dos acumulaciones, mías y de otros,
reunidas durante los tres tiempos,
pueda la doctrina del Vencedor Losang Dragpa
brillar para siempre.

Oración de nueve versos de *Migtsema*

Tsongkhapa, corona de los eruditos de la Tierra de las Nieves,
eres Buda Shakyamuni y Vajradhara, fuente de todas las realizaciones,
Avalokiteshvara, tesoro de compasión inconcebible,
Manyhushri, suprema sabiduría inmaculada,
y Vajrapani, destructor de la multitud de maras.
¡Oh, venerable Guru Buda!, síntesis de las Tres Joyas,
con respeto, con mi cuerpo, palabra y mente, te suplico;
bendícenos a mí y a los demás seres para que nos liberemos y realicemos,
y concédenos las realizaciones comunes y supremas. (x3)

OFRECIMIENTO DEL TSOG

Bendición de la ofrenda del tsog

OM KHANDAROHI HUM HUM PHET
OM SOBHAUA SHUDDHA SARVA DHARMA SOBHAUA SHUDDHO HAM
Todo se convierte en la vacuidad.

De la vacuidad, de AH aparece un amplio y extenso cráneo, dentro del cual las cinco carnes, los cinco néctares y las cinco sabidurías excelsas se funden y se transforman en un gran océano de néctar de la sabiduría excelsa.
OM AH HUM HA HO HRIH (x3)

Imagina que se convierte en un océano inagotable de néctar de sabiduría excelsa.

Ofrenda de los néctares medicinales

Ofrezco este néctar supremo
que trasciende sin límites todo objeto vulgar;
el compromiso supremo de todos los Vencedores
y el fundamento de todas las realizaciones.

Deleitaos con el gran gozo
de la insuperable bodhichita,
limpia de las máculas de las obstrucciones
y libre por completo de todo concepto.

Ofrenda del tsog

HO Este océano de la ofrenda de tsog de néctar no contaminado,
bendecido con concentración, mantra y mudra,
lo ofrezco para complacer a la asamblea de los Gurus raíz y del linaje.
OM AH HUM

Deleitados con el goce de estos magníficos objetos de deseo,
EH MA HO
conceded, por favor, una gran lluvia de bendiciones.

HO Este océano de la ofrenda de tsog de néctar no contaminado,
bendecido con concentración, mantra y mudra,
lo ofrezco para complacer a la divina asamblea de las poderosas Dakinis.
OM AH HUM
Deleitadas con el goce de estos magníficos objetos de deseo,
EH MA HO
conceded, por favor, la realización de la Dakini.

HO Este océano de la ofrenda de tsog de néctar no contaminado,
bendecido con concentración, mantra y mudra,
lo ofrezco para complacer a la divina asamblea de los Yidams y sus séquitos.
OM AH HUM
Deleitados con el goce de estos magníficos objetos de deseo,
EH MA HO
conceded, por favor, una gran lluvia de realizaciones.

HO Este océano de la ofrenda de tsog de néctar no contaminado,
bendecido con concentración, mantra y mudra,
lo ofrezco para complacer a la asamblea de las Tres Joyas Preciosas.
OM AH HUM
Deleitadas con el goce de estos magníficos objetos de deseo,
EH MA HO
conceded, por favor, una gran lluvia de sagrados Dharmas.

HO Este océano de la ofrenda de tsog de néctar no contaminado,
bendecido con concentración, mantra y mudra,

lo ofrezco para complacer a la asamblea de las Dakinis y los Protectores del Dharma.
OM AH HUM
Deleitados con el goce de estos magníficos objetos de deseo,
EH MA HO
conceded, por favor, una gran lluvia de obras virtuosas.

HO Este océano de la ofrenda de tsog de néctar no contaminado,
bendecido con concentración, mantra y mudra,
lo ofrezco para complacer a la asamblea de los maternales seres sintientes.
OM AH HUM
Deleitados con el goce de estos magníficos objetos de deseo,
EH MA HO
que el sufrimiento y las apariencias equívocas sean pacificados.

Ofrendas externas

OM VAJRA YOGUINI SAPARIUARE AHRGHAM, PADIAM, PUPE, DHUPE, ALOKE, GENDHE, NIUDE, SHAPTA AH HUM

Ofrenda interna

OM VAJRA YOGUINI SAPARIUARE OM AH HUM

Los ocho versos de alabanza a la Madre

OM me postro ante Vajravarahi, la Madre Bienaventurada HUM HUM PHET.
OM ante la poderosa y Noble Dama de Conocimiento, invencible en los tres reinos HUM HUM PHET.
OM ante ti que destruyes todo temor a los espíritus malignos con tu gran vajra HUM HUM PHET.
OM ante ti, de ojos subyugantes, que permaneces invicta como el asiento vajra HUM HUM PHET.

OM ante ti que desecas a Brahma con tu forma furiosa y colérica HUM HUM PHET.
OM ante ti que aterrorizas y acallas a los demonios, y conquistas a los que moran en otras latitudes HUM HUM PHET.
OM ante ti que conquistas a los que causan ofuscación, rigidez y confusión HUM HUM PHET.
OM me postro ante ti, Vajravarahi, la Gran Madre, la consorte Dakini que satisface todos los deseos HUM HUM PHET.

Ofrecimiento del tsog al Guía Espiritual vajrayana

Sostenedor del Vajra, por favor, escúchame,
te ofrezco con una mente de fe
esta ofrenda especial de tsog.
Por favor, disfruta de ella a tu antojo.

EH MA, gran paz.
Esta abundante y ardiente ofrenda de tsog consume los engaños
y de este modo induce gran gozo.
AH HO todo es gran gozo.
AH HO MAHA SUKHA HO

Al respecto, todos los fenómenos se perciben como puros,
y la asamblea no ha de dudarlo.
Puesto que los brahmines, parias, puercos y perros
poseen la misma naturaleza, por favor, deléitate.

El Dharma de los Sugatas es inestimable,
libre de las máculas del apego y demás engaños,
la cesación del aprehensor y lo aprehendido.
Con respeto, ante la talidad, me postro.
AH HO MAHA SUKHA HO

Canción de la Reina de la Primavera

HUM a todos vosotros, Tathagatas,
Héroes, Yoguinis,
Dakas y Dakinis,
os elevo esta súplica:
¡Oh, Heruka, que te deleitas en el gran gozo!,
entras en la Unión del gozo espontáneo
al atender a la Dama henchida de gozo
y disfrutar según el ritual.
AH LA LA, LA LA HO, AH I AH, AH RA LI HO
Que la asamblea de las inmaculadas Dakinis
nos miren con afectuoso amor y completen todas las obras.

HUM a todos vosotros, Tathagatas,
Héroes, Yoguinis,
Dakas y Dakinis,
os elevo esta súplica:
Con la mente totalmente exaltada por el gran gozo
y el cuerpo en una danza de constante movimiento,
ofrezco a la multitud de Dakinis
el gran gozo del deleite del loto del mudra.
AH LA LA, LA LA HO, AH I AH, AH RA LI HO
Que la asamblea de las inmaculadas Dakinis
nos miren con afectuoso amor y completen todas las obras.

HUM a todos vosotros, Tathagatas,
Héroes, Yoguinis,
Dakas y Dakinis,
os elevo esta súplica:
Vosotros, que danzáis con belleza y armonía,
¡oh, Bienaventurado Protector y multitud de Dakinis!,
acudid aquí, ante mí, por favor, concededme vuestras bendiciones
y otorgadme el gran gozo espontáneo.
AH LA LA, LA LA HO, AH I AH, AH RA LI HO

Que la asamblea de las inmaculadas Dakinis
nos miren con afectuoso amor y completen todas las obras.

HUM a todos vosotros, Tathagatas,
Héroes, Yoguinis,
Dakas y Dakinis,
os elevo esta súplica:
Vosotros, que poseéis el atributo de la liberación del gran gozo,
no digáis que la liberación puede alcanzarse en una vida
siguiendo prácticas ascéticas, abandonando el gran gozo,
sino que, por el contrario, este reside en el centro del loto supremo.
AH LA LA, LA LA HO, AH I AH, AH RA LI HO
Que la asamblea de las inmaculadas Dakinis
nos miren con afectuoso amor y completen todas las obras.

HUM a todos vosotros, Tathagatas,
Héroes, Yoguinis,
Dakas y Dakinis,
os elevo esta súplica:
Como el loto que nace en medio del cenagal,
este método, aunque nace del apego, no está manchado por las faltas del mismo.
¡Oh, Dakini Suprema!, mediante el gozo de tu loto,
por favor, libéranos pronto de la esclavitud del samsara.
AH LA LA, LA LA HO, AH I AH, AH RA LI HO
Que la asamblea de las inmaculadas Dakinis
nos miren con afectuoso amor y completen todas las obras.

HUM a todos vosotros, Tathagatas,
Héroes, Yoguinis,
Dakas y Dakinis,
os elevo esta súplica:
Al igual que los enjambres de abejas por doquier
liban la esencia de la miel de sus orígenes,

asimismo, mediante tu gran loto de seis atributos,
por favor, sácianos con el sabor del gran gozo.
AH LA LA, LA LA HO, AH I AH, AH RA LI HO
Que la asamblea de las inmaculadas Dakinis
nos miren con afectuoso amor y completen todas las obras.

Bendición de las ofrendas para los espíritus

OM KHANDAROHI HUM HUM PHET
OM SOBHAUA SHUDDHA SARVA DHARMA SOBHAUA SHUDDHO HAM
Todo se convierte en la vacuidad.

De la vacuidad, de AH aparece un amplio y extenso cráneo, dentro del cual las cinco carnes, los cinco néctares y las cinco sabidurías excelsas se funden y se transforman en un gran océano de néctar de sabiduría excelsa.
OM AH HUM HA HO HRIH (x3)

Ofrecimiento a los espíritus

¡PHEM!
UTSIKTRA BALINGTA BHAKIESI SOHA

HO Este océano de la ofrenda sobrante de tsog de néctar no contaminado,
bendecido con concentración, mantra y mudra,
lo ofrezco para complacer a la asamblea de los guardianes comprometidos bajo juramento.
OM AH HUM
Deleitados con el goce de estos magníficos objetos de deseo,
EH MA HO
realizad, por favor, acciones infalibles para ayudar a los practicantes.

Saca fuera la ofrenda sobrante del tsog mientras suena la música.

Que yo y los demás practicantes
disfrutemos de buena salud, longevidad, poder,
gloria, renombre, fortuna
y abundantes deleites.
Otorgadme, por favor, las realizaciones de las acciones
de pacificación, prosperidad, control y coléricas.
Vosotros, que estáis comprometidos bajo juramento,
por favor, protegedme y ayudadme a realizar todos los logros.
Eliminad las muertes prematuras, las enfermedades,
los daños causados por los espíritus y las obstrucciones.
Eliminad los malos sueños, malos presagios y malas acciones.

Que la felicidad abunde en este mundo y que los años venideros sean buenos,
que las cosechas sean prósperas y el Dharma florezca.
Que reinen la bondad y la alegría,
y que todos los deseos sean colmados.

Que gracias a este acto de espléndida generosidad
me convierta en un Buda para el beneficio de los seres migratorios,
y que mediante mi generosidad pueda liberar
a todos aquellos que no fueron subyugados por los Budas del pasado.

Colofón: Esta sadhana o ritual de oraciones para alcanzar realizaciones espirituales ha sido traducida bajo la compasiva guía del venerable Gueshe Kelsang Gyatso Rimpoché. La estrofa dedicada al venerable Gueshe Kelsang Gyatso en la *Súplica a los Gurus del linaje* ha sido compuesta por el glorioso Protector del Dharma Duldzsin Doryhe Shugden y se ha incluido en la sadhana a petición de los fieles discípulos de Gueshe Kelsang. La estrofa dedicada a Doryhe Shugden incluida en el *Ofrecimiento de la torma a los Protectores del Dharma en general* ha sido compuesta por el venerable Gueshe Kelsang Gyatso y también se ha incluido en la sadhana a petición de sus fieles discípulos.

Apéndice 4
Comentario esencial a los once yogas de Vajrayoguini

LOS YOGAS DEL DORMIR, DESPERTAR Y EXPERIMENTAR NÉCTAR

Vajrayoguini es una Deidad femenina iluminada del tantra del yoga supremo, manifestación de la sabiduría de todos los Budas. Su función es guiar a todos los seres sintientes a la tierra pura de Keajra o tierra pura de las Dakinis. Buda enseñó las instrucciones de Vajrayoguini en el *Tantra raíz de Heruka*. El gran yogui Naropa las recibió directamente de Vajrayoguini y las transmitió a Pamtingpa, uno de sus discípulos de corazón. Pamtingpa las transmitió al traductor tibetano Sherab Tseg, a partir del cual fueron pasando a través de un linaje ininterrumpido hasta Yhe Phabongkhapa, y de él al venerable Vajradhara Triyhang Rimpoché, sostenedor del linaje. Yo, el autor, he recibido estas preciosas instrucciones de este gran maestro.

El tantra del yoga supremo puede dividirse en dos: el tantra del Padre y el tantra de la Madre. En los tantras de la Madre se revela principalmente el adiestramiento en la luz clara, que es la causa principal para alcanzar la mente sagrada de Buda. Y en los tantras del Padre, como el tantra de Guhyasamayha, se muestra principalmente el adiestramiento en el cuerpo ilusorio, que es la causa principal para alcanzar el cuerpo sagrado de un Buda. Puesto que el tantra de Vajrayoguini es un tantra de la Madre, el cuerpo principal de su práctica es el adiestramiento en la luz clara. Este cuerpo tiene once extremidades, los llamados *once yogas*. En este contexto, *yoga* significa 'adiestramiento en los caminos espirituales'. Por ejemplo, el adiestramiento en un camino espiritual practicado durante el sueño se llama *yoga del dormir*.

El primero de los once yogas que se enumeran en las escrituras es el yoga del dormir. Esto indica que debemos empezar la práctica de Vajrayoguini con este yoga. Como ya se ha mencionado, el cuerpo principal de la práctica de Vajrayoguini es el adiestramiento en la luz clara. Esta se manifiesta de manera natural durante el sueño; por lo tanto, tenemos la oportunidad de adiestrarnos en reconocerla en ese momento. Cuando la reconozcamos y realicemos de manera directa, habremos alcanzado la luz clara significativa, la realización de la cuarta de las cinco fases de la etapa de consumación.

¿Qué es la luz clara? Es la mente muy sutil que se manifiesta cuando los aires internos entran, permanecen y se disuelven en el canal central. La luz clara percibe la vacuidad y es el octavo signo de la disolución de los aires internos en el canal central. Hay tres clases de luz clara: 1) la luz clara del dormir, 2) la luz clara de la muerte, 3) la realización de la luz clara.

Durante el sueño se manifiesta nuestra mente muy sutil porque nuestros aires internos entran y se disuelven en el canal central de manera natural. Esta mente muy sutil es la luz clara del dormir. Percibe la vacuidad, pero no podemos reconocer la luz clara en sí ni la vacuidad porque nuestra memoria no funciona durante el sueño. Del mismo modo, nuestra mente muy sutil también se manifiesta durante la muerte porque nuestros aires internos entran y se disuelven en el canal central. Esta mente muy sutil es la luz clara de la muerte. Percibe la vacuidad, pero no podemos reconocer la propia luz clara ni la vacuidad porque nuestra memoria no funciona durante la muerte.

Si durante el estado de vigilia logramos que nuestros aires internos entren, permanezcan y se disuelvan en el canal central por medio de la meditación, experimentaremos una disolución profunda de los aires internos en el canal central y, debido a ello, se manifestará nuestra mente muy sutil. Esta mente muy sutil es la realización de la luz clara. Su naturaleza es la del gozo que surge al derretirse las gotas dentro del canal central y su función es impedir que surja la apariencia equívoca. También es la realización de la luz clara del gozo, la esencia misma del tantra del yoga supremo y el verdadero camino rápido a la iluminación.

En conclusión, el cuerpo principal de la práctica de Vajra–yoguini es el adiestramiento en la luz clara del gozo. Este puede dividirse en dos: 1) adiestramiento en el gozo, 2) adiestramiento en la luz clara. Para adiestrarnos en el gozo, primero hemos de saber qué es. Este gozo no es el gozo sexual; no necesitamos adiestrarnos en el gozo sexual porque cualquiera, hasta los animales, puede experimentarlo sin ningún aprendizaje. El gozo en el que debemos adiestrarnos es el que Buda revela en el tantra del yoga supremo. Se denomina *gran gozo* y posee dos características especiales: 1) su naturaleza es la del gozo que surge al derretirse las gotas dentro del canal central y 2) su función es impedir que surja la apariencia equívoca sutil. Los seres ordinarios no pueden experimentar este gozo. El gozo sexual de los seres ordinarios surge cuando las gotas se derriten dentro del canal izquierdo, no el central.

En el *Tantra raíz conciso de Heruka*, Buda dice:

«El secreto supremo del gran gozo
surge al derretirse las gotas dentro del canal central;
por lo tanto, resulta difícil encontrar en el mundo
una persona que experimente este gozo».

Solo aquellos que logran que sus aires internos entren, permanezcan y se disuelvan en el canal central por medio de la meditación pueden experimentar este gozo. Puesto que dicho gozo impide que surja la apariencia equívoca sutil, cuando lo experimentamos, nuestra ignorancia del aferramiento propio y todos los pensamientos conceptuales que nos distraen cesan, y disfrutamos de una profunda paz interior superior a la paz suprema del nirvana que Buda expone en las enseñanzas del sutra.

CÓMO PRACTICAR EL YOGA DEL DORMIR

Cada noche, cuando nos vayamos a dormir, pensamos:

Para beneficiar a todos los seres sintientes
voy a convertirme en el Buda iluminado Vajrayoguini.
Para ello voy a alcanzar la realización de la luz clara del gozo.

Luego recordamos que nuestro cuerpo, nuestro yo y todos los demás fenómenos que normalmente percibimos no existen. Intentamos percibir la mera ausencia de todos los fenómenos que normalmente percibimos, la vacuidad de todos los fenómenos, y meditamos en ella. Luego pensamos e imaginamos lo siguiente:

En el vasto espacio de la vacuidad de todos los fenómenos –la tierra pura de Keajra–, aparezco como Vajrayoguini, rodeada de los Héroes y Heroínas iluminados. Aunque muestro esta apariencia, no es otra que la vacuidad de todos los fenómenos.

Meditamos en esta autogeneración.

Hemos de adiestrarnos en esta profunda meditación de autogeneración mientras dormimos, no en el sueño profundo. Si nos adiestramos en esta práctica cada noche con esfuerzo constante, poco a poco podremos utilizar la memoria durante el sueño. Debido a ello, cuando nuestra mente muy sutil se manifieste durante el sueño, podremos reconocerla o realizarla. Con un mayor adiestramiento la realizaremos de manera directa. Cuando esto ocurra, nuestra mente se mezclará con la vacuidad de todos los fenómenos, como agua vertida en agua. Debido a ello, nuestra apariencia equívoca sutil cesará con rapidez de manera permanente y nos convertiremos en un ser iluminado, un Buda. Buda dijo: «Si realizas tu propia mente, te convertirás en un Buda; no busques la Budeidad en ningún otro lugar». Con respecto a este logro, el dormir tiene mucho sentido para nosotros.

CÓMO PRACTICAR EL YOGA DEL DESPERTAR

Debemos intentar practicar el yoga del dormir durante toda la noche y el yoga del despertar durante el día. Cada día, por la mañana temprano, primero hemos de meditar en la mera ausencia de todos los fenómenos que normalmente vemos o percibimos, la vacuidad de todos los fenómenos. Luego pensamos e imaginamos lo siguiente:

En el vasto espacio de la vacuidad de todos los fenómenos –la tierra pura de Keajra–, aparezco como Vajrayoguini, rodeada de los Héroes y Heroínas iluminados. Aunque muestro esta apariencia, no es otra que la vacuidad de todos los fenómenos.

Meditamos en esta autogeneración.

Debemos repetir esta práctica de meditación una y otra vez durante todo el día. Este es el yoga del despertar. Luego, por la noche volvemos a practicar el yoga del dormir. Si practicamos el ciclo de los yogas del dormir y despertar con perseverancia, nuestras apariencias y concepciones ordinarias, las raíces de nuestro sufrimiento, cesarán.

CÓMO PRACTICAR EL YOGA DE EXPERIMENTAR NÉCTAR

Cada vez que comamos o bebamos, primero hemos de comprender y pensar lo siguiente:

Para los seres iluminados, la comida y la bebida son el néctar supremo que posee tres cualidades especiales: 1) es néctar medicinal que cura las enfermedades, 2) es néctar de la vida que impide la muerte y 3) es néctar de sabiduría que pacifica las perturbaciones mentales.

Con este reconocimiento, cada vez que comamos o bebamos, debemos ofrecernos a nosotros mismos, la Vajrayoguini autogenerada, el placer que nos producen estos objetos de deseo. Si practicamos de este modo, podemos transformar nuestra experiencia diaria de comer y beber en un camino espiritual con el que acumulamos gran cantidad de méritos o buena fortuna. Del mismo modo, cada vez que disfrutemos viendo formas atractivas o bellos objetos, escuchando sonidos melodiosos, como música o canciones, oliendo aromas fragantes o tocando objetos suaves, debemos ofrecernos a nosotros mismos, la Vajrayoguini autogenerada, el placer que nos producen estos objetos de deseo. De esta manera podemos transformar todas las experiencias diarias de los objetos de deseo en el camino espiritual que nos conduce al estado iluminado de Vajrayoguini.

En resumen, debemos reconocer que en el vasto espacio de la vacuidad de todos los fenómenos –la tierra pura de Keajra– nos encontramos nosotros mismos, Vajrayoguini, rodeada de los Héroes y Heroínas iluminados. Hemos de mantener este reconocimiento día y noche excepto cuando nos concentremos en los caminos comunes, como el refugio, el adiestramiento en la renuncia y la bodhichita, y las prácticas de purificación.

Esta manera de practicar los yogas del dormir, despertar y experimentar néctar es sencilla, pero muy profunda. Hay también otras maneras de practicar estos yogas que pueden encontrarse en el libro *Nueva guía del Paraíso de las Dakinis*.

LOS OCHO YOGAS RESTANTES

Hemos de practicar los ocho yogas restantes, desde el yoga de los inconmensurables hasta el de las acciones diarias, con la sadhana *El camino rápido al gran gozo*, compuesta por Yhe

Phabongkhapa (véase el apéndice 3). Esta sadhana es muy especial y tiene muchas bendiciones. Para una exposición detallada de cómo practicar cada yoga véase la *Nueva guía del Paraíso de las Dakinis*, pero a continuación se presenta brevemente la esencia de estas instrucciones.

EL YOGA DE LOS INCONMENSURABLES

El refugio en las Tres Joyas, la generación de bodhichita y la meditación y recitación de Vajrasatva se denominan *yoga de los inconmensurables* porque son adiestramientos en los caminos espirituales que nos aportan beneficios inconmensurables en esta vida y en las futuras.

La meditación y recitación de Vajrasatva nos ofrece la gran oportunidad de purificar nuestra mente con rapidez para que podamos alcanzar la iluminación con mayor celeridad. Como ya se ha mencionado, alcanzar la iluminación es muy sencillo, lo único que tenemos que hacer es esforzarnos en purificar nuestra mente.

EL YOGA DEL GURU

Para recibir las bendiciones de la palabra de todos los Budas, en esta práctica del yoga del Guru visualizamos a nuestro Guru raíz bajo el aspecto de Buda Vajradharma. Vajradharma, Vajradhara, Vajrasatva y Heruka son aspectos diferentes de un mismo ser iluminado. La función de Buda Vajradharma es concedernos las bendiciones de la palabra de todos los Budas. Al recibir estas bendiciones, nuestra palabra será muy poderosa cada vez que enseñemos el Dharma. De este modo podremos colmar los deseos de innumerables seres sintientes y purificar o sanar su continuo mental con el néctar de nuestra palabra.

Este yoga del Guru contiene una práctica denominada *Ofrecimiento del tsog kusali*, que tiene la misma función que el *chod* o *práctica de escisión [del aferramiento propio]*. También contiene una práctica para recibir las bendiciones de las cuatro iniciaciones que nos dará mucha confianza para alcanzar las realizaciones de las etapas de generación y de consumación.

EL YOGA DE LA AUTOGENERACIÓN

Este yoga incluye las prácticas de transformar la muerte, el estado intermedio (bardo) y el renacimiento en los caminos del Cuerpo de la Verdad, el Cuerpo de Deleite y el Cuerpo de Emanación.

En esta práctica, el mandala soporte se visualiza en el aspecto de un doble tetraedro, que simboliza la vacuidad de todos los fenómenos; y las Deidades contenidas en él somos nosotros mismos, la Vajrayoguini imaginada, junto con nuestro séquito de Heroínas.

EL YOGA DE PURIFICAR A LOS SERES MIGRATORIOS

En esta práctica, después de habernos generado como el Buda iluminado Vajrayoguini, imaginamos que concedemos bendiciones a todos los seres sintientes que los liberan del sufrimiento y las faltas, y los conducen al estado de Vajrayoguini, el estado de la felicidad última. Esta es una práctica especial de tomar y dar según el tantra del yoga supremo. Hace madurar nuestro potencial de poder beneficiar de manera directa a todos los seres sintientes y al realizarla cumplimos con el compromiso de beneficiar a todos los seres sintientes que tomamos cuando recibimos la iniciación del tantra del yoga supremo.

EL YOGA DE RECIBIR BENDICIONES DE LOS HÉROES Y HEROÍNAS

En esta práctica, por medio de la meditación en el mandala corporal de Vajrayoguini, nuestros canales y gotas recibirán poderosas bendiciones directamente de las treinta y siete Heroínas –las Deidades iluminadas femeninas del mandala corporal de Vajrayoguini–, y de manera indirecta de sus consortes, los Héroes. Además, al invitar a todos los Héroes y Heroínas (seres iluminados masculinos y femeninos) de las diez direcciones bajo el aspecto de Vajrayoguini y disolverlos en nosotros mismos, recibimos las bendiciones de todos ellos.

La meditación del mandala corporal de Vajrayoguini es muy profunda. Aunque es una práctica de la etapa de generación, su función es hacer que nuestros aires internos entren, permanezcan y se disuelvan en el canal central. Yhe Phabongkhapa alabó mucho esta práctica del mandala corporal de Vajrayoguini.

EL YOGA DE LA RECITACIÓN VERBAL Y MENTAL

Si nos concentramos en la recitación verbal del mantra de Vajrayoguini (el mantra de las tres OMs), podemos alcanzar los logros de pacificación, prosperidad, control, colérico y supremo que se mencionan en el apartado «Adiestramiento en la recitación del mantra» del capítulo «La práctica del mandala corporal de Heruka». La práctica de la recitación mental contiene dos meditaciones de la etapa de consumación, y ambas son la esencia misma de la práctica de Vajrayoguini. Estas dos meditaciones se exponen con claridad en la *Nueva guía del Paraíso de las Dakinis.*

EL YOGA INCONCEBIBLE

Tal y como se describe en la sadhana *El camino rápido al gran gozo* (véase el apéndice 3), después de disolverlo todo, desde el reino inmaterial hasta la nada, en la vacuidad, imaginamos que experimentamos la luz clara del gozo y con esta experiencia meditamos en la vacuidad de todos los fenómenos, la mera ausencia de todos los fenómenos que normalmente percibimos. Esta meditación es un adiestramiento en la luz clara del gozo, el cuerpo principal de la práctica de Vajrayoguini. Si la practicamos con perseverancia, poco a poco experimentaremos la luz clara significativa –la unión del gran gozo y la vacuidad–, que es el estado inconcebible propiamente dicho. En este contexto, *inconcebible* significa 'que no puede ser experimentado por aquellos que no han alcanzado la luz clara'.

EL YOGA DE LAS ACCIONES DIARIAS

El yoga de las acciones diarias es un método para transformar todas nuestras acciones diarias, como comer, dormir, trabajar y hablar, en profundos caminos espirituales, con lo cual llenamos de significado cada momento de nuestra vida.

Apéndice 5
El camino gozoso

SADHANA CONCISA DE LA AUTOGENERACIÓN COMO VAJRAYOGUINI

Recopilada por
el venerable Gueshe Kelsang Gyatso Rimpoché

Aquellos que deseen adiestrarse en la autogeneración como Vajrayoguini a diario, pero no se sientan capaces de realizar la sadhana extensa ni la media o no dispongan de tiempo suficiente para ello, pueden lograr su objetivo practicando esta sadhana con fe firme. No obstante, siempre que nos adiestremos en la recitación, contemplación o meditación de esta sadhana El camino gozoso, *debemos hacerlo sin ninguna distracción. Con distracciones no lograremos nada.*

LAS CUATRO PRÁCTICAS PREPARATORIAS

Visualización de los objetos de refugio, la entrada para generar y cultivar la fe budista

La fe en Buda, el Dharma y la Sangha es fe budista en general y la fe en Guru Vajradharma Heruka Padre y Madre es una fe budista en la práctica de Vajrayoguini en particular. Guru Vajradharma Heruka Padre y Madre no son dos personas diferentes sino una misma bajo diferentes aspectos. Realiza esta práctica siguiendo la contemplación que se presenta a continuación.

Ante mí en el espacio aparece mi Guru raíz bajo el aspecto de Buda Vajradharma, manifestación de la palabra de todos los Budas, con Heruka Padre y Madre en su corazón, rodeado de la asamblea de los Gurus del linaje, los Yidams –las Deidades iluminadas–, las Tres Joyas Preciosas –Buda, Dharma y Sangha, los practicantes espirituales puros– y los Protectores del Dharma.

Medita con fe intensa en esta gran asamblea de seres sagrados e iluminados. Al visualizar a tu Guru raíz de este modo recibirás las bendiciones especiales de la palabra de todos los Budas. Gracias a ello, alcanzarás con rapidez las realizaciones de la palabra –las enseñanzas del Dharma del sutra y del tantra–. Solo con las realizaciones del Dharma conseguirás que desaparezcan tus problemas humanos en particular y los del samsara en general.

Adiestramiento en la práctica de refugio, la entrada al budismo

En esta práctica, para liberarte de manera permanente a ti mismo y a todos los seres sintientes del sufrimiento, desde lo más profundo del corazón promete refugiarte durante toda la vida en la asamblea de Gurus, Budas, Dharma y Sangha, los practicantes espirituales puros. Esta promesa es el voto de refugio, que abre la puerta de la liberación, la suprema paz mental permanente que se conoce como nirvana. Realiza esta práctica siguiendo la contemplación que se presenta a continuación.

Yo y todos los seres sintientes, innumerables como el espacio infinito, desde este momento hasta que alcancemos la iluminación,
nos refugiamos en los Gurus, los Guías Espirituales supremos,
nos refugiamos en los Budas, los seres plenamente iluminados,
nos refugiamos en el Dharma, las preciosas enseñanzas de Buda,
nos refugiamos en la Sangha, los practicantes espirituales puros. (x3)

Como compromiso del voto de refugio debes esforzarte en recibir las bendiciones de Buda, practicar el Dharma y recibir ayuda de la Sangha, los practicantes espirituales puros. Puesto que te conducen por el camino espiritual mostrándote un buen ejemplo que puedes seguir, los practicantes espirituales puros son objetos de refugio.

Generación del buen corazón supremo, la bodhichita, la entrada al camino de la gran iluminación

En esta práctica, para alcanzar la iluminación y poder beneficiar a todos los seres sintientes cada día, desde lo más profundo del corazón promete practicar las etapas del camino de Vajrayoguini –las etapas de generación y de consumación–. Esta promesa es el voto del Bodhisatva que te abre la puerta del camino rápido a la iluminación. Realiza esta práctica siguiendo la contemplación que se presenta a continuación.

Una vez que haya alcanzado el estado de la iluminación total, la Budeidad, voy a liberar a todos los seres sintientes del océano del sufrimiento del samsara y a conducirlos al gozo de la iluminación completa. Con este propósito voy a practicar las etapas del camino de Vajrayoguini. (x3)

Como compromiso del voto del Bodhisatva, debes esforzarte en practicar las seis perfecciones: la generosidad, la disciplina moral, la paciencia, el esfuerzo, la concentración y la sabiduría. En el libro Budismo moderno *puede encontrarse una exposición detallada de la práctica de las seis perfecciones.*

Bendiciones, la entrada para alcanzar el cuerpo, la palabra y la mente iluminados con la purificación de la apariencia ordinaria de nuestro cuerpo, palabra y mente

En esta práctica, primero realiza el ofrecimiento breve del mandala.

Os ofrezco esta base con flores y ungida de incienso,
con el Monte Meru, los cuatro continentes, el sol y la luna,
percibida como una tierra pura de Buda.
Que todos los seres puedan disfrutar de una tierra pura.

IDAM GURU RATNA MANDALAKAM NIRIATAYAMI

Ahora, recita esta oración tres veces:

En los Gurus y en las Tres Joyas Preciosas me refugio y ante ellos me postro. Por favor, bendecid mi continuo mental. (x3)

A continuación realiza la práctica en sí siguiendo la contemplación que se presenta a continuación.

En respuesta a mi súplica, la gran asamblea de seres sagrados ante mí se funde en forma de rayos de luz blanca, roja y azul oscuro. Los rayos de luz blanca son de la naturaleza del cuerpo de todos los Budas, los rayos de luz roja son de la naturaleza de la palabra de todos los Budas y los rayos de luz azul son de la naturaleza de la mente de todos los Budas. Estos rayos se disuelven en mí y recibo las bendiciones especiales del cuerpo, la palabra y la mente de todos los Budas. Las apariencias ordinarias de mi cuerpo, palabra y mente se purifican y mi cuerpo, palabra y mente que residen de manera continua se transforman en el cuerpo, la palabra y la mente de un ser iluminado.

Medita de manera convergente en esta creencia. La percepción de tu cuerpo, palabra y mente que normalmente ves es la apariencia ordinaria de tu cuerpo, palabra y mente.

AUTOGENERACIÓN

Transformación de la muerte en el camino del Cuerpo de la Verdad, el cuerpo muy sutil de Buda

En esta práctica transformas tu luz clara de la muerte en el camino espiritual de la unión del gran gozo y la vacuidad por medio de la imaginación correcta. Realiza esta práctica siguiendo la contemplación que se presenta a continuación.

El mundo y los seres que habitan en él se funden en luz y se disuelven en mi cuerpo. Mi cuerpo también se funde en luz y disminuye poco a poco de tamaño hasta que se disuelve en la vacuidad, la mera ausencia de todos los fenómenos que normalmente percibo. Esto es similar al modo en que las apariencias de esta vida se disuelven al morir. Experimento la luz clara de la muerte, cuya naturaleza es gozo. Solo percibo la vacuidad. Mi mente de la luz clara de la muerte deviene la unión del gran gozo y la vacuidad.

Medita en esta creencia sin ninguna distracción. Al final de la meditación piensa:

Soy Vajrayoguini del Cuerpo de la Verdad.

La mente muy sutil que se manifiesta al morir es la luz clara de la muerte. Aunque realizamos esta contemplación y meditación por medio de la imaginación, su naturaleza es sabiduría y su significado es inconcebible. Si, con la práctica sincera de esta contemplación y meditación, te familiarizas profundamente con la transformación de la luz clara de la muerte en la unión del gran gozo y la vacuidad por medio de la imaginación, cuando experimentes el verdadero proceso de la muerte, podrás reconocer la luz clara de la muerte y transformarla en la unión del gran gozo y la vacuidad. Esta transformación es la realización de la luz clara ejemplar última que te conducirá de manera directa al logro del cuerpo ilusorio, el cuerpo inmortal. A partir de ese momento te convertirás en un ser inmortal, tendrás la experiencia de ser Vajrayoguini y de que tu mundo es la tierra pura de Keajra. De este modo alcanzarás tu meta última. La Deidad Vajrayoguini designada sobre el Cuerpo de la Verdad de un Buda es Vajrayoguini del Cuerpo de la Verdad, la Vajrayoguini definitiva.

Transformación del estado intermedio en el camino del Cuerpo de Deleite, el cuerpo sutil de la Forma de Buda

El estado entre esta vida y el próximo renacimiento es el estado intermedio. Los seres que se encuentran en él son los seres del estado intermedio, también llamado bardo. En esta práctica transformas la experiencia del ser del estado intermedio en la de Vajrayoguini del Cuerpo de Deleite. La Deidad Vajrayoguini designada sobre el Cuerpo sutil de la Forma de un Buda es Vajrayoguini del Cuerpo de

Deleite. Realiza esta práctica siguiendo la contemplación que se presenta a continuación.

Mantengo la experiencia de que mi mente de la luz clara de la muerte se ha transformado en la unión del gran gozo y la vacuidad. Al mismo tiempo, de la vacuidad del Cuerpo de la Verdad, el Dharmakaya, me transformo de manera instantánea en Vajrayoguini del Cuerpo de Deleite, bajo la forma de una esfera de luz roja, de la naturaleza de gran gozo inseparable de la vacuidad. Este proceso es similar al modo en que el cuerpo del ser en el estado intermedio surge de la luz clara de la muerte. Soy Vajrayoguini del Cuerpo de Deleite.

Concéntrate de manera convergente en la experiencia de que eres Vajrayoguini del Cuerpo de Deleite durante tanto tiempo como puedas.

Transformación del renacimiento en el camino del Cuerpo de Emanación, el Cuerpo burdo de la Forma de Buda

En esta práctica transformas la experiencia de renacer como un ser ordinario en el samsara en la de renacer en la tierra pura de Keajra como Vajrayoguini del Cuerpo de Emanación. La Deidad Vajrayoguini designada sobre el Cuerpo burdo de la Forma de un Buda es Vajrayoguini del Cuerpo de Emanación. Realiza esta práctica siguiendo la contemplación que se presenta a continuación.

En el vasto espacio de la vacuidad de todos los fenómenos –la tierra pura de Keajra–, cuya naturaleza es mi percepción equívoca sutil purificada de todos los fenómenos, aparezco como Vajrayoguini, la manifestación de la sabiduría de la luz clara de todos los Budas. Mi cuerpo es de luz, de color rojo, tengo un rostro y dos brazos, y aparezco bajo el aspecto de una joven de dieciséis años en el primor de la juventud. Aunque muestro esta apariencia, no es otra que la vacuidad de todos los fenómenos. Soy Vajrayoguini del Cuerpo de Emanación.

Medita en esta autogeneración durante tanto tiempo como puedas con el reconocimiento de que la apariencia de ti misma como Vajrayoguini en la tierra pura de Keajra y la vacuidad de todos los fenómenos no son dos entidades, sino una sola. La meditación en la autogeneración tiene el poder de reducir y eliminar el aferramiento propio. En esta práctica, has de mejorar tu experiencia del adiestramiento en el orgullo divino y la apariencia clara por medio de perseverar en la contemplación y meditación de las instrucciones que de estos temas se exponen en el libro Nueva guía del Paraíso de las Dakinis.

Debes saber que las cuatro prácticas preparatorias son como las cuatro ruedas de un vehículo; y la autogeneración, como el vehículo propiamente dicho, por lo que ambas son de igual importancia para alcanzar la meta última.

Ahora puedes adiestrarte en una meditación especial del fuego interno o tummo. Para una exposición detallada de cómo hacerlo consulta la Nueva guía del Paraíso de las Dakinis.

Recitación del mantra

En mi corazón se encuentra el Ser de Sabiduría Vajrayoguini, la Vajrayoguini definitiva, que es la síntesis del cuerpo, la palabra y la mente de todos los Budas.

¡Oh, mi Deidad Maestra, Vajrayoguini!,
Por favor, concédenos a mí y a todos los seres sintientes los logros del cuerpo, la palabra y la mente iluminados.
Por favor, pacifica nuestros obstáculos externos, internos y secretos.
Por favor, establece en nosotros las bases de todos estos logros.

Para realizar esta súplica recita el mantra de tres OMs al menos tantas veces como hayas prometido:

OM OM OM SARVA BUDDHA DAKINIYE VAJRA
VARNANIYE VAJRA BEROTZSANIYE HUM HUM HUM
PHET PHET PHET SOHA

Los obstáculos externos son los daños que recibimos de los seres humanos y de otros seres, así como de objetos inanimados, como el fuego, el agua, etcétera; los obstáculos internos son nuestros engaños, como el odio, el apego y la ignorancia; y el obstáculo secreto es la apariencia equívoca sutil de todos los fenómenos, nuestra percepción de todos los fenómenos que normalmente vemos.

Ahora, si lo deseas, puedes hacer el ofrecimiento del tsog. *El ritual de oraciones del ofrecimiento del tsog puede encontrarse en las páginas 218-225.*

Dedicación

Que gracias a las virtudes que he acumulado con la
práctica de estas instrucciones
reciba el cuidado especial de la venerable Vajrayoguini y
de las Dakinis que son sus emanaciones,
y que al recibir sus poderosas bendiciones en mi cuerpo,
palabra y mente muy sutiles
alcance la iluminación con rapidez para liberar a todos los
seres sintientes.

Oraciones de la tradición virtuosa

Para que la tradición de Yhe Tsongkhapa,
el Rey del Dharma, pueda florecer,
que todos los obstáculos sean pacificados
y que abunden las condiciones favorables.

Que gracias a las dos acumulaciones, mías y de otros,
reunidas durante los tres tiempos,
pueda la doctrina del Vencedor Losang Dragpa
brillar para siempre.

Oración de nueve versos de *Migtsema*

Tsongkhapa, corona de los eruditos de la Tierra de las Nieves,
eres Buda Shakyamuni y Vajradhara, fuente de todas las realizaciones,
Avalokiteshvara, tesoro de compasión inconcebible,
Manyhushri, suprema sabiduría inmaculada,
y Vajrapani, destructor de la multitud de maras.
¡Oh, venerable Guru Buda!, síntesis de las Tres Joyas,
con respeto, con mi cuerpo, palabra y mente, te suplico;
bendícenos a mí y a los demás seres para que nos liberemos y realicemos,
y concédenos las realizaciones comunes y supremas. (x3)

Colofón: Esta sadhana –ritual de oraciones para alcanzar realizaciones espirituales– ha sido recopilada a partir de fuentes tradicionales por el venerable Gueshe Kelsang Gyatso Rimpoché y traducida bajo su compasiva guía, 2012, revisada en el 2013.

Apéndice 6
El yoga inconcebible extraordinario

LA INSTRUCCIÓN ESPECIAL
PARA ALCANZAR LA TIERRA PURA DE KEAJRA
CON EL PRESENTE CUERPO HUMANO

Recopilada por
el venerable Gueshe Kelsang Gyatso Rimpoché

Introducción

Esta *sadhana* o ritual de oraciones para alcanzar la tierra pura de Keajra está basada en la sadhana compuesta por Yhe Phabongkhapa. La he presentado de manera sencilla para facilitar su comprensión y práctica.

Las instrucciones tienen dos etapas:

1. Las prácticas preparatorias.
2. La práctica en sí del yoga inconcebible extraordinario.

A menudo las prácticas preparatorias nos resultan más difíciles que la práctica en sí, esto es muy común. Por ejemplo, cocinar es más difícil que comer y disfrutar de una fiesta es más fácil que prepararla.

Esta práctica del yoga inconcebible extraordinario es superior a la de poua –la transferencia de consciencia a una tierra pura–. Para que esta profunda práctica sea eficaz, hemos de recibir de un Guía Espiritual cualificado las iniciaciones del mandala corporal de Heruka y de Vajrayoguini y la instrucción especial del yoga inconcebible extraordinario. Después debemos practicar esta instrucción con esfuerzo y de manera continua pensando: «Si me esfuerzo, puedo lograr cualquier objetivo». De este modo hemos de guiarnos a nosotros mismos hacia el estado de Heruka Padre y Madre.

Gueshe Kelsang Gyatso,
10 de enero del 2012,
día de Vajrayoguini.

El yoga inconcebible extraordinario

PRÁCTICAS PREPARATORIAS

Refugio

Yo y todos los seres sintientes, innumerables como
el espacio infinito, desde este momento hasta que
alcancemos la esencia de la iluminación,
nos refugiamos en los gloriosos y sagrados Gurus,
nos refugiamos en los Budas perfectos, los Seres
Bienaventurados,
nos refugiamos en el Dharma sagrado,
nos refugiamos en la Sangha Superior. (x3)

Generación de bodhichita

Una vez que haya alcanzado el estado de la iluminación total, la Budeidad, voy a liberar a todos los seres sintientes del océano del sufrimiento del samsara y a conducirlos al gozo de la iluminación completa. Con este propósito voy a practicar las etapas del camino de Vajrayoguini. (x3)

Motivación especial

Nadie puede garantizarme que no me vaya a morir hoy mismo. La muerte me despoja de la preciosa oportunidad de alcanzar la meta última de la iluminación y de beneficiar a todos los seres sintientes. Por lo tanto, he de transformar mi cuerpo en el cuerpo inmortal alcanzando la Tierra de las Dakinis, la tierra pura de Keajra.

Medita en esta determinación durante un rato.

Purificación de la apariencia ordinaria de uno mismo

Cuando busco el yo con sabiduría, en lugar de encontrarlo, desaparezco. Esta es una clara indicación de que el yo que normalmente percibo no existe en absoluto.

Medita en la mera ausencia del yo que normalmente percibes.

Generación de uno mismo como la Vajrayoguini externa

En el vasto espacio de la vacuidad aparezco como la venerable Vajrayoguini, con su aspecto habitual pero sin el origen de los fenómenos ni el disco [solar]. Mi cuerpo es de luz de color rojo y aparezco bajo el aspecto de una joven de dieciséis años en el primor de mi juventud.

Medita en esta creencia.

Visualización de los canales

En la línea media de mi cuerpo, cuya naturaleza es luz, está el canal central. Es fino como un hilo y muy recto, de color rojo aceitoso, claro y transparente. El extremo inferior del canal central está a la altura del ombligo, de ahí asciende recto y su extremo superior toca la coronilla. A cada lado del canal central, sin espacio intermedio, se encuentran los canales derecho e izquierdo. El canal derecho es de color rojo; y el izquierdo, blanco. El canal derecho comienza en la punta del orificio nasal derecho; y el izquierdo, en la del izquierdo. A partir de ahí, los dos ascienden en forma de arco hasta la coronilla, y desde la coronilla descienden hasta unos dos dedos por debajo del ombligo donde sus extremos se arquean hacia arriba.

Generación de mi mente Vajrayoguini

En el ombligo, entre el extremo inferior del canal central y los extremos inferiores de los canales derecho e izquierdo, que se arquean hacia arriba, hay un pequeño espacio vacío. En este espacio está mi mente bajo la forma de Vajrayoguini, del tamaño de un pulgar, con su aspecto habitual pero sin el origen de los fenómenos ni el disco [solar]. Con el pie derecho pisa el extremo inferior del canal derecho, que está arqueado hacia arriba; y con el pie izquierdo, el del canal izquierdo, que también está arqueado hacia arriba; y su coronilla toca el extremo inferior del canal central. Esta Vajrayoguini interna es mi mente. Soy mi mente Vajrayoguini.

Medita en esta creencia.

Purificación y transformación del mundo y de los seres

Del corazón de mi mente Vajrayoguini en el ombligo irradian inconmensurables rayos de luz de cinco colores, cuya naturaleza es la de las cinco sabidurías omniscientes, que purifican todo el universo y a los seres que habitan en él. El mundo se transforma en la tierra pura de Keajra y todos los seres sintientes se convierten en Vajrayoguini. Todo ello se funde y se transforma en una esfera de luz, que se disuelve en el corazón de mi mente Vajrayoguini en el ombligo.

Ahora realiza la siguiente meditación. Aspira con suavidad e imagina que los aires de la parte superior de tu cuerpo se reúnen y descienden hasta llegar justo por encima de tu mente Vajrayoguini, que está en el ombligo. Entonces contrae ligeramente los músculos de la parte inferior de tu cuerpo y recoge hacia arriba todos los aires inferiores. Estos ascienden y llegan justo por debajo de tu mente Vajrayoguini, que está en el ombligo. En este momento mantén juntos los aires superiores y los inferiores en el ombligo. Este ejercicio se denomina respiración del vaso *porque al unirse los aires superiores con los inferiores se crea la forma de un vaso. Al mismo tiempo que mantienes la respiración del vaso en el ombligo concéntrate en tu mente Vajrayoguini y piensa con firmeza: «Soy mi mente Vajrayoguini». Medita en esta creencia. Cuando notes que empiezas a sentirte incómodo, exhala despacio y con suavidad por los orificios nasales. Mantener la respiración del vaso nos ayuda a eliminar las distracciones e intensifica la claridad de la concentración. Al principio no conseguirás mantener la respiración por mucho tiempo, por lo que tendrás que realizar esta práctica una y otra vez.*

LA PRÁCTICA EN SÍ DEL YOGA INCONCEBIBLE EXTRAORDINARIO

Después de haberte familiarizado con el pensamiento de «Soy mi mente Vajrayoguini», con el cual has cambiado tus bases de designación, realiza esta contemplación y meditación:

Cuando alcance la tierra pura de Keajra, estaré libre para siempre de las enfermedades, el envejecimiento, la muerte y el renacimiento en el samsara, y podré ayudar a innumerables seres sintientes por medio de mis emanaciones. Debo ir a ese lugar ahora mismo.

Las dos piernas y los dos brazos de la Vajrayoguini externa se disuelven en su cuerpo principal. La parte inferior de su cuerpo principal se disuelve en mi mente Vajrayoguini, que está en su ombligo. Mi mente Vajrayoguini asciende al corazón de la Vajrayoguini externa. El cuerpo principal de la Vajrayoguini externa por debajo del corazón se disuelve en mi mente Vajrayoguini, qué está en su corazón. Esta asciende a la coronilla de la Vajrayoguini externa. El cuerpo principal de la Vajrayoguini externa por debajo de la coronilla se disuelve en mi mente Vajrayoguini, que está en su coronilla. A continuación la coronilla de la Vajrayoguini externa se disuelve en mi mente Vajrayoguini, que al instante vuela a través del cielo supremo del Dharmakaya y alcanza la tierra pura de Keajra.

Medita en ello de manera convergente y sin distracciones.

El cuerpo de mi mente Vajrayoguini disminuye de tamaño cada vez más y se disuelve en la vacuidad, que es inseparable del gran gozo.

Medita en la unión del gran gozo y la vacuidad, que es la verdadera esfera inconcebible. Repite la práctica en sí del yoga inconcebible extraordinario tres o siete veces en cada sesión.

Cuando el practicante se familiarice profundamente con las prácticas preparatorias y la práctica en sí del yoga inconcebible extraordinario, como resultado de esforzarse de manera continua y recibir las poderosas bendiciones de Heruka y Vajrayoguini, alcanzará la tierra pura de Keajra con su presente cuerpo humano. Esto no será la percepción común, sino la apariencia extraordinaria de los practicantes afortunados. Si un practicante de ochenta años alcanza la tierra pura de Keajra, su cuerpo se transformará en el de un joven o una joven de dieciséis años en el primor de su juventud y será un cuerpo no contaminado. Por lo tanto, estará siempre libre de las enfermedades, el envejecimiento, la muerte y el renacimiento en el samsara y, gracias a su práctica continua del tantra del yoga supremo, alcanzará la iluminación total en esa misma vida.

Dedicación

Que gracias a la práctica de este yoga inconcebible,
se abran para todos las puertas del cielo de Keajra
para que todos los seres sintientes
alcancen el estado de Heruka Padre y Madre.

Que gracias a las virtudes que he acumulado ahora
pueda la doctrina del Vencedor Losang Dragpa,
la pura esencia del Budadharma,
brillar para siempre.

Oraciones de la tradición virtuosa

Para que la tradición de Yhe Tsongkhapa,
el Rey del Dharma, pueda florecer,
que todos los obstáculos sean pacificados
y que abunden las condiciones favorables.

Que gracias a las dos acumulaciones, mías y de otros,
reunidas durante los tres tiempos,
pueda la doctrina del Vencedor Losang Dragpa
brillar para siempre.

Oración de nueve versos de *Migtsema*

Tsongkhapa, corona de los eruditos de la Tierra de las Nieves,
eres Buda Shakyamuni y Vajradhara, fuente de todas las realizaciones,
Avalokiteshvara, tesoro de compasión inconcebible,
Manyhushri, suprema sabiduría inmaculada,
y Vajrapani, destructor de la multitud de maras.
¡Oh, venerable Guru Buda!, síntesis de las Tres Joyas,
con respeto, con mi cuerpo, palabra y mente, te suplico;
bendícenos a mí y a los demás seres para que nos liberemos y realicemos,
y concédenos las realizaciones comunes y supremas. (x3)

Colofón: Esta sadhana –ritual de oraciones– para alcanzar la tierra pura de Keajra ha sido recopilada a partir de fuentes tradicionales por el venerable Gueshe Kelsang Gyatso Rimpoché y traducida del inglés bajo su compasiva guía, enero del 2012.

Apéndice 7
El cielo de Keajra

COMENTARIO ESENCIAL A LA PRÁCTICA DE *EL YOGA INCONCEBIBLE EXTRAORDINARIO*

El adiestramiento en la transferencia superior de consciencia que se presenta en esta sadhana titulada *El yoga inconcebible extraordinario* es el verdadero yoga inconcebible extraordinario. Este adiestramiento se denomina *yoga extraordinario* porque es una práctica exclusiva del tantra de Vajrayoguini; los tantras de otras Deidades no lo contienen. Se dice que es inconcebible porque su significado es inimaginable y aporta a nuestra vida un sentido inconcebible. No obstante, siempre que nos adiestremos en la recitación, contemplación o meditación de esta sadhana, debemos hacerlo sin ninguna distracción. Con distracciones no lograremos nada.

La eficacia del adiestramiento en la transferencia superior de consciencia depende de ocho etapas preparatorias, que se presentan en la sadhana.

Primera etapa – Refugio

En esta práctica, para liberarte de manera permanente a ti mismo y a todos los seres sintientes del sufrimiento, desde lo más profundo del corazón prometes refugiarte durante toda la vida en los Gurus, Budas, Dharma y Sangha, los practicantes espirituales puros. Esta promesa es el voto de refugio con la que entramos en el budismo y abrimos la puerta de la liberación, la suprema paz mental permanente que se conoce como nirvana. Como compromiso del voto de refugio debes esforzarte en recibir las bendiciones de Buda, practicar el Dharma y recibir ayuda de la Sangha, los practicantes espirituales puros. Puesto que te conducen por el camino espiritual mostrándote un buen ejemplo, los practicantes espirituales puros son objetos de refugio. Realiza esta práctica siguiendo la sadhana:

Yo y todos los seres sintientes, innumerables como el espacio infinito, desde este momento hasta que alcancemos la esencia de la iluminación,
nos refugiamos en los gloriosos y sagrados Gurus,
nos refugiamos en los Budas perfectos, los Seres Bienaventurados,
nos refugiamos en el Dharma sagrado,
nos refugiamos en la Sangha Superior.

Segunda etapa – Generación de la bodhichita

En esta práctica, para alcanzar la iluminación y poder beneficiar a todos los seres sintientes cada día, desde lo más profundo del corazón prometes practicar las etapas del camino de Vajrayoguini –las etapas de generación y de consumación–. Esta promesa es el voto del Bodhisatva que te abre la puerta del camino rápido a la iluminación. Como compromisos del voto del Bodhisatva, debes esforzarte en practicar las etapas de generación y de consumación en combinación con las seis perfecciones: la generosidad, la disciplina moral, la paciencia, el esfuerzo, la concentración y la sabiduría. Realiza esta práctica siguiendo la sadhana:

Una vez que haya alcanzado el estado de la iluminación total, la Budeidad, voy a liberar a todos los seres sintientes del océano del sufrimiento del samsara y a conducirlos al gozo de la iluminación completa. Con este propósito voy a practicar las etapas del camino de Vajrayoguini.

Tercera etapa – Generación de la motivación especial

Realiza esta práctica siguiendo la contemplación que se presenta en la sadhana:

Nadie puede garantizarme que no me vaya a morir hoy mismo. La muerte me despoja de la preciosa oportunidad de alcanzar la meta última de la iluminación y de beneficiar a todos los seres sintientes. Por lo tanto, he de transformar mi cuerpo en el cuerpo inmortal alcanzando la Tierra de las Dakinis, la tierra pura de Keajra.

Medita en esta determinación durante un rato.

Cuarta etapa – Purificación de la apariencia ordinaria de uno mismo

Tu percepción del yo que normalmente ves es la apariencia ordinaria que tienes de ti mismo. Puesto que es el obstáculo principal que te impide generarte como Vajrayoguini, debes purificarlo comprendiendo la mera ausencia del yo que normalmente percibes y meditando en ella. Realiza esta práctica siguiendo la contemplación que se presenta en la sadhana:

Cuando busco el yo con sabiduría, en lugar de encontrarlo, desaparezco. Esta es una clara indicación de que el yo que normalmente percibo no existe en absoluto.

Medita en la mera ausencia del yo que normalmente percibes.

Quinta etapa – Generación de uno mismo como la Vajrayoguini externa

Al mismo tiempo que solo percibes la mera ausencia del yo que normalmente ves, realiza esta práctica siguiendo la contemplación que se presenta en la sadhana:

En el vasto espacio de la vacuidad aparezco como la venerable Vajrayoguini, con su aspecto habitual pero sin el origen de los fenómenos ni el disco [solar]. Mi cuerpo es de luz de color rojo y aparezco bajo el aspecto de una joven de dieciséis años en el primor de mi juventud.

Medita en esta creencia.

Sexta etapa – Visualización de los canales

La práctica de esta visualización tiene dos objetivos:

1. Reconocer el lugar donde generamos nuestra mente Vajrayoguini, y
2. Recibir bendiciones en nuestros canales, gotas y aires para tener éxito en la contemplación y meditación en la práctica en sí del yoga inconcebible extraordinario.

Realiza esta práctica siguiendo la contemplación que se presenta en la sadhana:

En la línea media de mi cuerpo, cuya naturaleza es luz, está el canal central. Es fino como un hilo y muy recto, de color rojo aceitoso, claro y transparente. El extremo inferior del canal central está a la altura del ombligo, de ahí asciende recto y su extremo superior toca la coronilla. A cada lado del canal central, sin espacio intermedio, se encuentran los canales derecho e izquierdo. El canal derecho es de color rojo; y el izquierdo, blanco. El canal derecho comienza en la punta del orificio nasal derecho; y el izquierdo, en la del izquierdo. A partir de ahí, los dos ascienden en forma de arco hasta la coronilla, y desde la coronilla descienden hasta unos dos dedos por debajo del ombligo donde sus extremos se arquean hacia arriba.

Séptima etapa – Generación de mi mente Vajrayoguini

En esta práctica transformamos nuestra mente en Vajrayoguini. Esta transformación se denomina *mi mente Vajrayoguini* y es una práctica especial de autogeneración. El objetivo de realizarla es llegar de manera directa a la tierra pura de Keajra sin tener que abandonar este cuerpo humano. Realiza esta práctica siguiendo la contemplación que se presenta en la sadhana:

En el ombligo, entre el extremo inferior del canal central y los extremos inferiores de los canales derecho e izquierdo, que se arquean hacia arriba, hay un pequeño espacio vacío. En este espacio está mi mente bajo la forma de Vajrayoguini, del tamaño de un pulgar, con su aspecto habitual pero sin el origen de los fenómenos ni el disco [solar]. Con el pie derecho pisa el extremo inferior del canal derecho, que está arqueado hacia arriba; y con el pie izquierdo, el del canal izquierdo, que también está arqueado hacia arriba; y su coronilla toca el extremo inferior del canal central. Esta Vajrayoguini interna es mi mente. Soy mi mente Vajrayoguini.

Medita en esta creencia.

Octava etapa – Purificación y transformación del mundo y de los seres

Con la motivación del amor que estima a todos los seres sintientes realiza esta práctica con sinceridad para así cumplir los compromisos de tus votos tántricos, con lo que tu mente y acciones serán puras. De este modo percibirás que el mundo, los disfrutes, los seres que te rodean y todos los fenómenos son puros. Realiza esta práctica siguiendo la contemplación que se presenta en la sadhana:

> **Del corazón de mi mente Vajrayoguini en el ombligo irradian inconmensurables rayos de luz de cinco colores, cuya naturaleza es la de las cinco sabidurías omniscientes, que purifican todo el universo y a los seres que habitan en él. El mundo se transforma en la tierra pura de Keajra y todos los seres sintientes se convierten en Vajrayoguini. Todo ello se funde y se transforma en una esfera de luz, que se disuelve en el corazón de mi mente Vajrayoguini en el ombligo.**

Para la meditación en sí del yoga inconcebible extraordinario es muy importante que te familiarices con este pensamiento: «Soy mi mente Vajrayoguini». Por lo tanto, haz hincapié en la práctica del orgullo divino concentrándote en este pensamiento en combinación con la meditación de la respiración del vaso. En la sadhana se dice:

> *Ahora realiza la siguiente meditación. Aspira con suavidad e imagina que los aires de la parte superior de tu cuerpo se reúnen y descienden hasta llegar justo por encima de tu mente Vajrayoguini, que está en el ombligo. Entonces contrae ligeramente los músculos de la parte inferior de tu cuerpo y recoge hacia arriba todos los aires inferiores. Estos ascienden y llegan justo por debajo de tu mente Vajrayoguini, que está en el ombligo. En este momento mantén juntos los aires superiores y los inferiores en el ombligo. Este ejercicio se denomina* **respiración del vaso** *porque al unirse los aires superiores con los inferiores se crea la forma de un vaso. Al mismo tiempo que mantienes la respiración del vaso en el ombligo concéntrate en tu mente Vajrayoguini y piensa con firmeza: «Soy mi mente Vajrayoguini». Medita en esta creencia. Cuando notes que empiezas a sentirte incómodo, exhala despacio y con suavidad por los orificios nasales. Mantener la respiración del vaso nos ayuda a eliminar*

las distracciones e intensifica la claridad de la concentración. Al principio no conseguirás mantener la respiración por mucho tiempo, por lo que tendrás que realizar esta práctica una y otra vez.

LA PRÁCTICA EN SÍ DEL YOGA INCONCEBIBLE EXTRAORDINARIO

Debes saber que es imposible que tu cuerpo llegue a la luna por sí solo, pero tu mente puede hacerlo en un instante con solo pensar en ella. Esto muestra que al familiarizarte en profundidad con el pensamiento: «Soy mi mente Vajrayoguini», alcanzarás con facilidad la tierra pura de Keajra solo con practicar el yoga inconcebible extraordinario. Realiza esta práctica siguiendo la contemplación que se presenta en la sadhana:

Cuando alcance la tierra pura de Keajra, estaré libre para siempre de las enfermedades, el envejecimiento, la muerte y el renacimiento en el samsara, y podré ayudar a innumerables seres sintientes por medio de mis emanaciones. Debo ir a ese lugar ahora mismo.

Las dos piernas y los dos brazos de la Vajrayoguini externa se disuelven en su cuerpo principal. La parte inferior de su cuerpo principal se disuelve en mi mente Vajrayoguini, que está en su ombligo. Mi mente Vajrayoguini asciende al corazón de la Vajrayoguini externa. El cuerpo principal de la Vajrayoguini externa por debajo del corazón se disuelve en mi mente Vajrayoguini, qué está en su corazón. Esta asciende a la coronilla de la Vajrayoguini externa. El cuerpo principal de la Vajrayoguini externa por debajo de la coronilla se disuelve en mi mente Vajrayoguini, que está en su coronilla. A continuación la coronilla de la Vajrayoguini externa se disuelve en mi mente Vajrayoguini, que al instante vuela

a través del cielo supremo del Dharmakaya y alcanza la tierra pura de Keajra.

Medita en ello de manera convergente y sin distracciones.

El cuerpo de mi mente Vajrayoguini disminuye de tamaño cada vez más y se disuelve en la vacuidad, que es inseparable del gran gozo.

Medita en la unión del gran gozo y la vacuidad, que es la verdadera esfera inconcebible. Repite la práctica en sí del yoga inconcebible extraordinario tres o siete veces en cada sesión.

Al familiarizarse profundamente con las prácticas preparatorias y la práctica en sí del yoga inconcebible extraordinario mediante el esfuerzo continuo y gracias a las poderosas bendiciones de Heruka y Vajrayoguini, el practicante alcanzará la tierra pura de Keajra con su presente cuerpo humano. Esto no será la percepción común, sino la apariencia extraordinaria de los practicantes afortunados. Si un practicante de ochenta años alcanza la tierra pura de Keajra, su cuerpo se transformará en el de un joven o una joven de dieciséis años en el primor de su juventud y será un cuerpo no contaminado. Por lo tanto, estará siempre libre de las enfermedades, el envejecimiento, la muerte y el renacimiento en el samsara y, gracias a su práctica continua del tantra del yoga supremo, alcanzará la iluminación total en esa misma vida.

Dedicación

Que gracias a la práctica de este yoga inconcebible,
se abran para todos las puertas del cielo de Keajra
para que todos los seres sintientes
alcancen el estado de Heruka Padre y Madre.

Que gracias a las virtudes que he acumulado ahora
pueda la doctrina del Vencedor Losang Dragpa,
la pura esencia del Budadharma,
brillar para siempre.

Colofón: Este comentario esencial a la práctica de *El yoga inconcebible extraordinario* ha sido compuesto por el venerable Gueshe Kelsang Gyatso Rimpoché, 2013.

Apéndice 8
Oraciones de súplica a los Gurus del linaje del Mahamudra

Homenaje al Mahamudra

¡Oh, Gran Vajradhara!, que subyaces en todas las naturalezas,
primer y glorioso Buda, el Principal de todas las familias de Budas,
que moras en la mansión celestial de los tres cuerpos espontáneos,
te suplico que me concedas tus bendiciones
para que pueda cortar la cepa trepadora del aferramiento propio de mi continuo mental,
adiestrarme en el amor, la compasión y la bodhichita,
y realizar con rapidez el Mahamudra del camino de la Unión.

¡Oh, Omnisciente Sumo Manyhushri!,
Padre de todos los Vencedores de los tres tiempos
en las tierras de Buda por todos los mundos de las diez direcciones,
te suplico que me concedas tus bendiciones
para que pueda cortar la cepa trepadora del aferramiento propio de mi continuo mental,
adiestrarme en el amor, la compasión y la bodhichita,
y realizar con rapidez el Mahamudra del camino de la Unión.

¡Oh, venerable Losang Dragpa!,
el segundo Ser Apto de la doctrina de Buda,
que apareciste en la norteña Tierra de las Nieves,
te suplico que me concedas tus bendiciones
para que pueda cortar la cepa trepadora del aferramiento
propio de mi continuo mental,
adiestrarme en el amor, la compasión y la bodhichita,
y realizar con rapidez el Mahamudra del camino de la Unión.

¡Oh, Togden Yhampel Gyatso!,
sostenedor principal de la doctrina del linaje de realización
de Yhe Tsongkhapa, el Hijo de Manyhushri,
te suplico que me concedas tus bendiciones
para que pueda cortar la cepa trepadora del aferramiento
propio de mi continuo mental,
adiestrarme en el amor, la compasión y la bodhichita,
y realizar con rapidez el Mahamudra del camino de la Unión.

¡Oh, Baso Chokyi Gyaltsen!,
que abriste el tesoro de instrucciones del linaje susurrado
e hiciste madurar a los discípulos afortunados,
te suplico que me concedas tus bendiciones
para que pueda cortar la cepa trepadora del aferramiento
propio de mi continuo mental,
adiestrarme en el amor, la compasión y la bodhichita,
y realizar con rapidez el Mahamudra del camino de la Unión.

¡Oh, Yogui supremo Dharmavajra!,
que completaste los yogas de las dos etapas
y alcanzaste el cuerpo inmortal de un Sostenedor del
Conocimiento,
te suplico que me concedas tus bendiciones
para que pueda cortar la cepa trepadora del aferramiento
propio de mi continuo mental,
adiestrarme en el amor, la compasión y la bodhichita,
y realizar con rapidez el Mahamudra del camino de la Unión.

¡Oh, Losang Donyo Drubpa (Gyalgua Ensapa)!,
que enarbolaste la bandera de la victoria de la doctrina
definitiva,
libre de las cadenas de los ocho dharmas mundanos,
te suplico que me concedas tus bendiciones
para que pueda cortar la cepa trepadora del aferramiento
propio de mi continuo mental,
adiestrarme en el amor, la compasión y la bodhichita,
y realizar con rapidez el Mahamudra del camino de la Unión.

¡Oh, Khedrub Sangye Yeshe!,
que guías a todos los seres migratorios bajo el aspecto de
un monje ordenado
y moras en el palacio cautivador de los tres cuerpos,
te suplico que me concedas tus bendiciones
para que pueda cortar la cepa trepadora del aferramiento
propio de mi continuo mental,
adiestrarme en el amor, la compasión y la bodhichita,
y realizar con rapidez el Mahamudra del camino de la Unión.

¡Oh, venerable Losang Chogyen, primer Panchen lama!,
ser omnisciente inseparable del Protector de la doctrina
del Vencedor, el venerable Losang Dragpa,
te suplico que me concedas tus bendiciones
para que pueda cortar la cepa trepadora del aferramiento
propio de mi continuo mental,
adiestrarme en el amor, la compasión y la bodhichita,
y realizar con rapidez el Mahamudra del camino de la Unión.

¡Oh, gran yogui Gendun Gyaltsen (Nechu Rabyhampa)!,
que completaste todas las prácticas integrándolas en un
solo significado,
las exposiciones de los Sutras, los Tantras y los comentarios,
te suplico que me concedas tus bendiciones
para que pueda cortar la cepa trepadora del aferramiento
propio de mi continuo mental,

adiestrarme en el amor, la compasión y la bodhichita,
y realizar con rapidez el Mahamudra del camino de la Unión.

¡Oh, Ser Realizado Gyaltsen Dzsinpa (Drungpa Tsondru Gyaltsen)!,
que, gracias a tu gran esfuerzo, alcanzaste el estado supremo
con la experiencia de la esencia de la doctrina del Vencedor, el venerable Losang,
te suplico que me concedas tus bendiciones
para que pueda cortar la cepa trepadora del aferramiento propio de mi continuo mental,
adiestrarme en el amor, la compasión y la bodhichita,
y realizar con rapidez el Mahamudra del camino de la Unión.

¡Oh, Sostenedor del Gran Linaje, Konchog Gyaltsen!,
que eres diestro en exponer a los discípulos afortunados
el néctar esencial del vasto y profundo Dharma sagrado,
te suplico que me concedas tus bendiciones
para que pueda cortar la cepa trepadora del aferramiento propio de mi continuo mental,
adiestrarme en el amor, la compasión y la bodhichita,
y realizar con rapidez el Mahamudra del camino de la Unión.

¡Oh, venerable Losang Yeshe (segundo Panchen lama)!,
el mismo y venerable Losang Chokyi Gyaltsen,
que regresaste por la gloria de los seres migratorios y de la doctrina,
te suplico que me concedas tus bendiciones
para que pueda cortar la cepa trepadora del aferramiento propio de mi continuo mental,
adiestrarme en el amor, la compasión y la bodhichita,
y realizar con rapidez el Mahamudra del camino de la Unión.

¡Oh, venerable Losang Trinley (Lhapa Tulku)!,
que alcanzaste el camino profundo del linaje susurrado,

bendecido de manera directa por los venerables Budas,
te suplico que me concedas tus bendiciones
para que pueda cortar la cepa trepadora del aferramiento
propio de mi continuo mental,
adiestrarme en el amor, la compasión y la bodhichita,
y realizar con rapidez el Mahamudra del camino de la Unión.

¡Oh, Ser Sumamente Realizado, Drubguang Losang
Namgyal!,
que has completado la práctica del significado esencial
del linaje susurrado del venerable Vencedor Losang,
te suplico que me concedas tus bendiciones
para que pueda cortar la cepa trepadora del aferramiento
propio de mi continuo mental,
adiestrarme en el amor, la compasión y la bodhichita,
y realizar con rapidez el Mahamudra del camino de la Unión.

¡Oh, bondadoso Kachen Yeshe Gyaltsen!,
que por compasión elucidas sin error
las instrucciones del linaje susurrado del venerable lama,
te suplico que me concedas tus bendiciones
para que pueda cortar la cepa trepadora del aferramiento
propio de mi continuo mental,
adiestrarme en el amor, la compasión y la bodhichita,
y realizar con rapidez el Mahamudra del camino de la Unión.

¡Oh, venerable Phurchog Ngagyang Yhampa!,
que difundiste por todas las tierras del centro y las regiones
fronterizas
la esencia de la doctrina inequívoca de todo el camino,
te suplico que me concedas tus bendiciones
para que pueda cortar la cepa trepadora del aferramiento
propio de mi continuo mental,
adiestrarme en el amor, la compasión y la bodhichita,
y realizar con rapidez el Mahamudra del camino de la Unión.

¡Oh, Panchen Palden Yeshe!,
que como un primer Buda glorioso bajo el aspecto de un monje ordenado
hiciste florecer toda la China y el Tíbet con el Dharma,
te suplico que me concedas tus bendiciones
para que pueda cortar la cepa trepadora del aferramiento propio de mi continuo mental,
adiestrarme en el amor, la compasión y la bodhichita,
y realizar con rapidez el Mahamudra del camino de la Unión.

¡Oh, Khedrub Ngauang Doryhe!,
que alcanzaste todos los logros de manera convergente,
la plenitud de los excelentes caminos del sutra y el tantra,
te suplico que me concedas tus bendiciones
para que pueda cortar la cepa trepadora del aferramiento propio de mi continuo mental,
adiestrarme en el amor, la compasión y la bodhichita,
y realizar con rapidez el Mahamudra del camino de la Unión.

¡Oh, venerable Ngulchu Dharmabhadra!,
Protector que clarificaste la doctrina del Vencedor por medio de la exposición y la composición,
con destreza y constancia, como un segundo Buda,
te suplico que me concedas tus bendiciones
para que pueda cortar la cepa trepadora del aferramiento propio de mi continuo mental,
adiestrarme en el amor, la compasión y la bodhichita,
y realizar con rapidez el Mahamudra del camino de la Unión.

¡Oh, Yangchen Drubpey Doryhe!,
cuyos ojos de gran compasión inconcebible nunca se cierran,
y cuya sabiduría profunda y extensa es como la de Manyhushri,
te suplico que me concedas tus bendiciones
para que pueda cortar la cepa trepadora del aferramiento propio de mi continuo mental,

adiestrarme en el amor, la compasión y la bodhichita,
y realizar con rapidez el Mahamudra del camino de la Unión.

¡Oh, Khedrub Tendzsin Tsondru!,
que completaste los yogas del gozo y la vacuidad
y fuiste directamente a la ciudad capital de la Unión,
te suplico que me concedas tus bendiciones
para que pueda cortar la cepa trepadora del aferramiento propio de mi continuo mental,
adiestrarme en el amor, la compasión y la bodhichita,
y realizar con rapidez el Mahamudra del camino de la Unión.

¡Oh, venerable Phabongkha Trinley Gyatso!,
que, gracias al poder de tu amor por todos los seres migratorios,
enarbolaste la bandera de la victoria de las doctrinas del sutra y el tantra,
te suplico que me concedas tus bendiciones
para que pueda cortar la cepa trepadora del aferramiento propio de mi continuo mental,
adiestrarme en el amor, la compasión y la bodhichita,
y realizar con rapidez el Mahamudra del camino de la Unión.

¡Oh, bondadoso Losang Yeshe (Triyhang Rimpoché)!,
Guía Espiritual que, para los discípulos afortunados,
promocionaste la esencia del corazón del venerable segundo Vencedor,
te suplico que me concedas tus bendiciones
para que pueda cortar la cepa trepadora del aferramiento propio de mi continuo mental,
adiestrarme en el amor, la compasión y la bodhichita,
y realizar con rapidez el Mahamudra del camino de la Unión.

¡Oh, venerable Kelsang Gyatso Rimpoché!,
que con tu gran compasión y magnífica destreza
expones a los discípulos afortunados
las instrucciones de tu Guru y del linaje profundo,

te suplico que me concedas tus bendiciones
para que pueda cortar la cepa trepadora del aferramiento
propio de mi continuo mental,
adiestrarme en el amor, la compasión y la bodhichita,
y realizar con rapidez el Mahamudra del camino de la Unión.

Por favor, concededme vuestras bendiciones
para que pueda ver a mi venerable Guru como a un Buda,
superar el apego a las moradas del samsara
y, asumiendo la responsabilidad de liberar a todos los seres
migratorios,
realizar los caminos comunes y extraordinarios,
y alcanzar pronto la Unión del Mahamudra.

Que mi cuerpo y el tuyo, ¡oh, Padre!,
que mi palabra y la tuya, ¡oh, Padre!,
que mi mente y la tuya, ¡oh, Padre!,
con tus bendiciones se unan de manera inseparable.

Colofón: Esta oración tradicional de súplica a los Gurus del linaje del Mahamudra ha sido traducida por discípulos del venerable Gueshe Kelsang Gyatso Rimpoché bajo su compasiva guía. La estrofa de súplica a Gueshe Kelsang Gyatso Rimpoché fue compuesta por el glorioso Protector del Dharma Duldzsin Doryhe Shugden, en respuesta a los ruegos de los fieles discípulos de Gueshe Kelsang Gyatso Rimpoché.

Glosario de términos

Acumulación de méritos Cualquier acción virtuosa motivada por la bodhichita que es una causa principal para alcanzar el Cuerpo de la Forma de un Buda. Por ejemplo, hacer ofrendas a los seres sagrados o postrarnos ante ellos con la motivación de bodhichita, y practicar las perfecciones de la generosidad, la disciplina moral y la paciencia.

Acumulación de sabiduría Cualquier acción mental virtuosa motivada por la bodhichita que es una causa principal para alcanzar el Cuerpo de la Verdad de un Buda. Por ejemplo, escuchar enseñanzas sobre la vacuidad, contemplarlas y meditar en ellas con la motivación de bodhichita.

Adiestramiento de la mente *Loyong* en tibetano. Instrucciones de un linaje especial originado en Buda Shakyamuni y transmitido a través de Manyhushri a Shantideva, Atisha y a los gueshes kadampas que acentúa el desarrollo de la bodhichita por medio del adiestramiento de igualarse uno mismo con los demás y cambiarse por ellos combinado con las prácticas de tomar y dar. Véanse *Compasión universal* y *Ocho pasos hacia la felicidad.*

Aferramiento propio / Autoaferramiento Mente conceptual que percibe los fenómenos como si tuvieran existencia inherente. La mente del aferramiento propio es el origen de todas las demás perturbaciones mentales, como el odio y el apego, y es la causa raíz de todo sufrimiento e insatisfacción. En particular, para hacer referencia a la mente que se aferra al yo con existencia inherente, se ha utilizado el término *autoaferramiento*. Véanse *Budismo moderno, Nuevo corazón de la sabiduría* y *Océano de néctar.*

Agregado Por lo general, todo objeto funcional es un agregado porque está compuesto de varias partes. En particular, los seres de los reinos del deseo y de la forma poseen los cinco agregados siguientes: forma, sensación, discernimiento, factores productores y consciencia. Los seres del reino inmaterial carecen del agregado de la forma, pero poseen los otros cuatro. El agregado de la forma de una persona es su cuerpo y los cuatro restantes son aspectos de su mente. Véase *Nuevo corazón de la sabiduría*.

Agregados contaminados Cualquiera de los agregados –forma, sensación, discernimiento, factores productores y consciencia– de un ser que ha renacido en el samsara. Véase también AGREGADO. Véase *El camino gozoso de buena fortuna*.

Amitabha Manifestación de la palabra y del agregado del discernimiento de todos los Budas. Su cuerpo es de color rojo. Véase *Ocho pasos hacia la felicidad*.

Apariencia ordinaria y concepción ordinaria La apariencia ordinaria es toda apariencia que es resultado de una mente impura, y la concepción ordinaria es la mente que concibe los objetos como ordinarios. Según las instrucciones del mantra secreto, las apariencias ordinarias son las obstrucciones a la omnisciencia, y las concepciones ordinarias son las obstrucciones a la liberación. Véanse *Nueva guía del Paraíso de las Dakinis* y *Mahamudra del tantra*.

Apariencia dual La percepción de un objeto junto con su apariencia de existencia inherente. Véanse *Nuevo corazón de la sabiduría* y *Tesoro de contemplación*.

Base de designación Todos los fenómenos son designados sobre sus partes; por lo tanto, cada una de las partes de un fenómeno o el conjunto de todas ellas son sus bases de designación. Para que la mente designe un objeto, ha de percibir sus bases de designación. Véanse *Nuevo corazón de la sabiduría* y *Océano de néctar*.

Bendición Proceso de transformación de la mente de un estado negativo a uno virtuoso, de uno de infelicidad a uno de felicidad, o de uno de debilidad a uno de fortaleza, que se produce como resultado de recibir la inspiración de seres sagrados, como nuestro Guía Espiritual, los Budas o los Bodhisatvas.

Bhaga Órgano sexual femenino en sánscrito.

Bodhisatva Aquel que ha generado la mente de bodhichita espontánea pero aún no es un Buda. Cuando el practicante genera la bodhichita espontánea se convierte en un Bodhisatva y entra en el primer camino mahayana, el de la acumulación. El Bodhisatva ordinario es aquel que aún no ha alcanzado una realización directa de la vacuidad, y el Bodhisatva Superior, el que ya la ha logrado. Véanse *Budismo moderno, El camino gozoso de buena fortuna* y *Tesoro de contemplación*.

Buda Aquel que ha eliminado por completo todas las perturbaciones mentales, así como las impresiones que dejan grabadas en la mente. Todos los seres tienen el potencial de convertirse en un Buda. Véanse *Budismo moderno* y *El camino gozoso de buena fortuna*.

Buda Shakyamuni Fundador del budismo en esta era. Véanse *Budismo moderno* e *Introducción al budismo*.

Budismo kadampa Escuela de budismo mahayana fundada por el gran maestro indio Atisha (982-1054). Véanse también KADAMPA y TRADICIÓN KADAMPA.

Camino espiritual La percepción excelsa mantenida por la renuncia espontánea. Los términos *camino espiritual*, *plano espiritual*, *vehículo espiritual* y *percepción excelsa* son sinónimos. Véanse *Caminos y planos tántricos* y *Océano de néctar*.

Camino medio La visión correcta de la vacuidad evita los dos extremos y, por ello, la *vacuidad* recibe el nombre de *camino medio*. Véase *Océano de néctar*.

Campo de méritos Las Tres Joyas. Al igual que las semillas de las plantas crecen en el campo, las semillas internas de la virtud producidas por acciones virtuosas lo hacen en dependencia de las Joyas de Buda, el Dharma y la Sangha. También se conoce como *campo para acumular méritos*.

Chandrakirti (circa siglo VII) Gran erudito budista indio y maestro de meditación que compuso, entre otros, el famoso texto *Guía del camino medio*, en el que presenta con claridad la visión de la escuela madhyamika-prasanguika según las enseñanzas que Buda impartió en los *Sutras de la perfección de la sabiduría*. Véase *Océano de néctar*.

Clarividencia Habilidades que se adquieren como resultado del dominio de un tipo de concentración especial. Hay cinco clases principales de clarividencia: la visual –habilidad de ver formas sutiles y distantes–, la auditiva –habilidad de oír sonidos sutiles y distantes–, la clarividencia de los poderes sobrenaturales –habilidad de emanar mentalmente varias formas–, la de recordar vidas pasadas y la de conocer las mentes de los demás. Algunos seres, como los del bardo y algunos humanos y espíritus, poseen clarividencias contaminadas que han obtenido como resultado de su karma, pero en realidad no son verdaderas clarividencias.

Compasión Mente que no puede soportar que otros seres experimenten sufrimiento y desea liberarlos de él. Véanse *Budismo moderno* y *El camino gozoso de buena fortuna*.

Compromisos Promesas que se hacen para realizar ciertas prácticas espirituales.

Concentración Factor mental gracias al cual la mente primaria permanece fija en el objeto de manera convergente. Véanse *Cómo comprender la mente* y *El camino gozoso de buena fortuna.*

Cuerpo de Deleite *Sambhogakaya* en sánscrito. El Cuerpo sutil de la Forma de un Buda, que solo puede ser percibido por los seres superiores mahayanas. Véase *Caminos y planos tántricos.*

Cuerpo de emanación *Nirmanakaya* en sánscrito. El Cuerpo burdo de la Forma de un Buda, que puede ser percibido por los seres ordinarios. Por lo general, los Budas se manifiestan de diferentes maneras. Aunque en esencia son Budas, el aspecto de algunas de estas emanaciones son mundanas. Véase también CUERPOS DE BUDA. Véase *Caminos y planos tántricos.*

Cuerpo de la Verdad El Cuerpo de Entidad y el Cuerpo de la Sabiduría de la Verdad de un Buda. Véase también CUERPOS DE BUDA.

Cuerpos de Buda Un Buda posee cuatro cuerpos –el Cuerpo de la Sabiduría de la Verdad, el Cuerpo de Entidad, el Cuerpo de Deleite y el Cuerpo de Emanación–. El primero es la mente omnisciente de un Buda; el segundo, la vacuidad o naturaleza última de su mente; el tercero, su Cuerpo sutil de la Forma, y el cuarto incluye todos los Cuerpos burdos de la Forma, que los seres ordinarios pueden ver y de los que cada Buda manifiesta un número ilimitado. El Cuerpo de la Sabiduría de la Verdad y el Cuerpo de Entidad forman el Cuerpo de la Verdad, y el Cuerpo de Deleite y el Cuerpo de Emanación, el Cuerpo de la Forma. Véanse *Caminos y planos tántricos, El camino gozoso de buena fortuna* y *Océano de néctar.*

Dakini Deidad tántrica femenina o mujer que ha alcanzado la luz clara significativa. El *Daka* es el equivalente masculino. Véase *Nueva guía del Paraíso de las Dakinis.*

Deidad *Yidam* en tibetano. Un ser tántrico iluminado.

Dharma Las enseñanzas de Buda y las realizaciones espirituales que se alcanzan al ponerlas en práctica. *Dharma* es una palabra sánscrita que significa 'protección'. Al practicar las enseñanzas de Buda nos protegemos del sufrimiento y los problemas.

Dharmavajra (1457-?) Gran Mahasidha tibetano y Guru del linaje Mahamudra.

Dos verdades La verdad convencional y la última. Véanse *Budismo moderno, Océano de néctar* y *Tesoro de contemplación.*

Emanación Objeto animado o inanimado manifestado por Budas o por Bodhisatvas con elevadas realizaciones para beneficiar a los demás.

Estado intermedio *Bardo* en tibetano. Estado entre la muerte y el renacimiento. Comienza en el momento en que la consciencia abandona el cuerpo y cesa cuando esta entra en el cuerpo de la nueva vida. Véanse *El camino gozoso de buena fortuna* y *Una vida con significado, una muerte gozosa.*

Estimación propia Actitud mental de considerarse uno mismo sumamente importante y especial. Es el objeto principal que los Bodhisatvas se esfuerzan por eliminar. Véanse *Budismo moderno, Ocho pasos hacia la felicidad* y *Tesoro de contemplación.*

Etapa de consumación Realizaciones del tantra del yoga supremo que se alcanzan al lograr que los aires internos entren, permanezcan y se disuelvan en el canal central gracias al poder de la meditación.

Etapa de generación Realización del yoga creativo que precede al logro de la verdadera etapa de consumación y que se alcanza con la práctica de la transformación de los tres cuerpos en el camino, en la que uno mismo se genera como una Deidad tántrica, y el entorno, como su mandala. La meditación sobre la etapa de generación se denomina *yoga creativo* porque su objeto es creado o generado por una imaginación correcta. Véanse *Budismo moderno, Caminos y planos tántricos* y *Mahamudra del tantra.*

Existencia inherente Modo de existencia imaginado en el que los fenómenos existen por su propio lado, independientes de otros objetos. En realidad, todos los fenómenos carecen o son vacíos de existencia inherente porque dependen de otros. Véanse *Budismo moderno, Nuevo corazón de la sabiduría* y *Océano de néctar.*

Familia de Buda Hay cinco familias de Budas: la de Vairochana, la de Ratnasambhava, la de Amitabha, la de Amoghasidhi y la de Akshobya. Constituyen los cinco agregados purificados –el de la forma, el de la sensación, el del discernimiento, el de los factores productores y el de la consciencia, respectivamente–, y las cinco sabidurías excelsas –la sabiduría excelsa semejante a un espejo, la equitativa, la de las realizaciones individuales, la que completa las actividades y la del *Dharmadhatu*, respectivamente–. Véase *Gran tesoro de méritos.*

Fe Mente virtuosa por naturaleza cuya función es contrarrestar la percepción de faltas en el objeto observado. Hay tres clases de fe: fe creyente, fe admirativa y fe desiderativa. Véanse *Cómo comprender la mente*, *El camino gozoso de buena fortuna* y *Transforma tu vida*.

Fuego interno *Tummo* en tibetano. Calor interno que se localiza en el centro del chakra del ombligo.

Ghantapa Gran *Mahasidha* indio y uno de los Gurus del linaje de la práctica del tantra del yoga supremo de Heruka y Vajrayoguini. Véase *Nueva guía del Paraíso de las Dakinis*.

Guelug La tradición fundada por Yhe Tsongkhapa. El nombre *guelug* significa 'tradición virtuosa' y *guelugpa* es el practicante de dicha tradición. A los guelugpas en ocasiones también se les llama *nuevos kadampas*. Véase *Gema del corazón*.

Gueshe Chekhaua (1102-1176) Gran Bodhisatva kadampa que compuso el texto *Adiestramiento de la mente en siete puntos*, comentario al *Adiestramiento de la mente en ocho estrofas*, de Gueshe Langri Tangpa. Difundió el estudio y la práctica del adiestramiento de la mente por todo el Tíbet. Véase *Compasión universal*.

Gueshe Yhayulgua (1075-1138) Ilustre maestro kadampa.

Guía Espiritual vajrayana Guía espiritual tántrico totalmente cualificado. Véase *Gran tesoro de méritos*.

Gungtang Gungtang Konchog Tenpai Dronme (1762-1823), erudito y meditador guelugpa reconocido por sus poemas espirituales y escritos filosóficos.

Guru raíz Nuestro Guía Espiritual principal, de quien hemos recibido las iniciaciones, instrucciones y transmisiones orales de nuestra práctica principal. Véanse *El camino gozoso de buena fortuna*, *Gema del corazón* y *Gran tesoro de méritos*.

Gurus del linaje Guías Espirituales a través de los cuales se ha transmitido una determinada instrucción.

Gyalgua Ensapa (1505-1566) Gran yogui y Guru del linaje Mahamudra que alcanzó la iluminación en tres años. Véase *Gran tesoro de méritos*.

Héroe / Heroína Un Héroe es una Deidad tántrica masculina que personifica el método, y una Heroína, una Deidad tántrica femenina que personifica la sabiduría. Véase *Nueva guía del Paraíso de las Dakinis*.

Imagen genérica El objeto aparente de una mente conceptual. La imagen genérica o imagen mental de un objeto es como un reflejo del mismo. Las mentes conceptuales no conocen su objeto de manera directa sino a través de la apariencia de una imagen genérica del mismo. Véanse *Cómo comprender la mente* y *Nuevo corazón de la sabiduría*.

Iniciación Poder potencial especial para alcanzar los cuatro cuerpos de un Buda que el practicante recibe de su Guru o de otros seres sagrados mediante un ritual tántrico. Es la puerta de entrada al camino vajrayana. Véanse *Caminos y planos tántricos* y *Mahamudra del tantra*.

Kadampa Palabra tibetana. *Ka* se refiere a todas las enseñanzas de Buda; *dam*, a la presentación especial del Lamrim que Atisha enseñó, conocida como *Etapas del camino hacia la iluminación*, y *pa*, a los seguidores del budismo kadampa, que integran todas las enseñanzas de Buda que conocen en su práctica del Lamrim. Véanse también BUDISMO KADAMPA y TRADICIÓN KADAMPA. Véase *Budismo moderno*.

Karma Palabra sánscrita que significa 'acción'. Impulsados por la intención efectuamos acciones físicas, verbales y mentales, y todas ellas producen efectos. Las acciones virtuosas producen como resultado felicidad, y las perjudiciales, sufrimiento. Véanse *Budismo moderno* y *El camino gozoso de buena fortuna*.

Keajra 'Tierra o Paraíso de las Dakinis' en sánscrito, la tierra pura de Heruka y Vajrayoguini. Véanse *Esencia del vajrayana* y *Nueva guía del Paraíso de las Dakinis*.

Lama Palabra tibetana que significa 'Guía Espiritual' (sáns.: *Guru*).

Lamrim Palabra tibetana que significa literalmente 'etapas del camino'. Presentación especial de todas las enseñanzas de Buda fácil de comprender y de poner en práctica. Revela todas las etapas del camino hacia la iluminación. Para un comentario completo, véase *El camino gozoso de buena fortuna*.

Liberación Emancipación completa del samsara y de sus causas, las perturbaciones mentales. Véase *El camino gozoso de buena fortuna*.

Linaje Herencia de instrucciones transmitida de Guía Espiritual a discípulo en la que cada maestro en la sucesión ha logrado una experiencia personal de dichas enseñanzas antes de transmitirlas a otros.

Logro subsiguiente El período [de práctica] entre las sesiones de meditación; también se conoce como *descanso de la meditación*.

Losang Dragpa *Sumati Kirti* en sánscrito. Nombre de ordenación monástica de Yhe Tsongkhapa. Véanse *Gema del corazón* y *Gran tesoro de méritos*.

Loyong Término tibetano que literalmente significa 'adiestramiento de la mente'. Véase también ADIESTRAMIENTO DE LA MENTE.

Madhyamika Palabra sánscrita que significa 'camino medio'. La más elevada de las dos escuelas principales de la filosofía mahayana. Buda enseñó la visión madhyamika en los *Sutras de la perfección de la sabiduría* durante el segundo giro de la rueda del Dharma y, más tarde, Nagaryhuna y sus seguidores la esclarecieron. Hay dos escuelas madhyamikas: la madhyamika-svatántrika y la madhyamika-prasanguika. Esta última presenta la visión última de Buda. Véanse *Océano de néctar* y *Tesoro de contemplación*.

Mahasidha Término sánscrito que significa 'Gran Ser Realizado'. Se suele utilizar para referirse a los yoguis y yoguinis que poseen elevadas realizaciones.

Mahayana Término sánscrito que significa 'gran vehículo', el camino espiritual que conduce a la gran iluminación. El objetivo del camino mahayana es alcanzar la Budeidad por el beneficio de todos los seres sintientes abandonando por completo las perturbaciones mentales y sus impresiones. Véanse *El camino gozoso de buena fortuna* y *Tesoro de contemplación*.

Maitreya Personificación del amor afectivo de todos los Budas. En tiempos de Buda Shakyamuni se manifestó como uno de sus discípulos Bodhisatvas para mostrar a los demás cómo ser un discípulo mahayana perfecto. En el futuro se manifestará como el quinto Buda fundador.

Mandala La mansión celestial en la que mora una Deidad tántrica o el entorno o Deidades de una tierra pura de Buda.

Mandala corporal Transformación de cualquier parte del cuerpo de la autogeneración o de la Deidad generada enfrente en una Deidad. Véanse *Esencia del Vajrayana*, *Gran tesoro de méritos* y *Nueva guía del Paraíso de las Dakinis*.

Mantra Palabra sánscrita que significa 'protección de la mente'. El mantra protege la mente de apariencias y concepciones ordinarias. Hay cuatro clases de mantras: los que son mente, los que son aires internos, los que son sonidos y los que son formas. Por lo general, hay tres clases de recitación de mantras: recitación verbal, recitación mental y recitación vajra. Véanse *Caminos y planos tántricos*.

Manyhushri Personificación de la sabiduría de todos los Budas. Véanse *Gema del corazón* y *Gran tesoro de méritos*.

Meditación analítica Proceso mental de investigación de un objeto virtuoso con el que se analiza su naturaleza, función, características y demás aspectos. Véase *Nuevo manual de meditación.*

Meditación estabilizada Concentración convergente en un objeto virtuoso como, por ejemplo, la vacuidad.

Mente raíz Mente muy sutil situada en el centro de la rueda de canales del corazón. Se denomina *mente raíz* porque todas las demás mentes surgen de ella y se disuelven también en ella. Véase *Mahamudra del tantra.*

Mera apariencia Todos los fenómenos son meras apariencias porque son designados por la mente al percibir unas bases apropiadas para su designación. La palabra *mera* excluye toda posibilidad de existencia inherente. Véanse *Budismo moderno* y *Océano de néctar.*

Méritos Buena fortuna que se acumula al realizar acciones virtuosas. Es el poder potencial de aumentar nuestras buenas cualidades y ser felices.

Milarepa (1040-1123) Gran meditador budista tibetano, célebre por la firme confianza que tenía en su Guía Espiritual y por sus hermosas canciones de realización.

Monte Meru Según la cosmología budista, una montaña sagrada situada en el centro del universo.

Nada Línea de tres curvas que aparece encima de algunas sílabas semillas.

Nagaryhuna Gran erudito budista indio y maestro de meditación que restableció las instrucciones mahayanas en el siglo I sacando a la luz las enseñanzas de los Sutras de la perfección de la sabiduría. Véanse *Nuevo corazón de la sabiduría* y *Océano de néctar.*

Naturaleza de Buda Mente raíz de un ser sintiente y su naturaleza última. *Naturaleza de Buda, semilla de Buda* y *linaje de Buda* son términos sinónimos. Todos los seres sintientes poseen la naturaleza de Buda y, por consiguiente, el potencial de alcanzar la Budeidad. Véase *Mahamudra del tantra.*

Ngulchu Dharmabhadra (1772-1851) Gran erudito budista tibetano y meditador de la tradición de Yhe Tsongkhapa.

Norsang Gyatso (1423-1513) Gran erudito budista tibetano y meditador de la tradición de Yhe Tsongkhapa.

Ofrecimiento del mandala Ofrenda de todo el universo visualizado como una tierra pura y de los seres que en él habitan como seres puros. Véase *Nueva guía del Paraíso de las Dakinis.*

Ofrenda al Guía Espiritual *Lama Chopa* en tibetano. Un yoga especial del Guru Yhe Tsongkhapa en el cual visualizamos a nuestro Guía Espiritual bajo el aspecto de Lama Losang Tubuang Doryhechang. Las instrucciones de esta práctica fueron reveladas por el Buda Manyhushri en la *Escritura de emanación kadam* y puestas por escrito por el primer Panchen Lama. Es una práctica preliminar esencial del Mahamudra vajrayana. Para una traducción y un comentario completo véase *Gran tesoro de méritos.*

Orgullo divino Orgullo no contaminado por las perturbaciones mentales y que se genera al considerarse uno mismo como la Deidad y el medio ambiente y los disfrutes propios como si fueran los de la Deidad. Es el antídoto contra las concepciones ordinarias. Véase *Nueva guía del Paraíso de las Dakinis.*

Origen o generador de los fenómenos Fenómeno que solo aparece ante la percepción mental. Se denomina también de este modo al mandala de Vajrayoguini, que tiene forma de un doble tetraedro. Véase *Nueva guía del Paraíso de las Dakinis.*

Panchen Lama, primer (1569-1662) Gran erudito tibetano y meditador que era una emanación de Buda Amitabha. Su nombre de ordenación es Losang Chokyi Gyaltsen. Debido a que a Khedrubyhe se lo considera en ocasiones como el primer Panchen Lama, a veces se dice que Losang Chokyi Gyaltsen es el cuarto.

Perturbación mental / Engaño Factor mental que surge de la atención inapropiada y cuya función es turbar la mente y descontrolarla. Hay tres perturbaciones mentales principales: el apego, el odio y la ignorancia. De ellas surgen todos los demás engaños, como los celos, el orgullo y la duda perturbadora. Véanse también PERTURBACIÓN MENTAL ADQUIRIDA INTELECTUALMENTE Y PERTURBACIÓN MENTAL INNATA. Véanse *Cómo comprender la mente* y *El camino gozoso de buena fortuna.*

Perturbación mental adquirida intelectualmente Engaño que surge como resultado de utilizar razonamientos incorrectos o confiar en principios erróneos. Véase *Cómo comprender la mente.*

Perturbación mental innata Perturbación mental que no es el producto de conjeturas intelectuales, sino que surge de manera espontánea. Véase *Cómo comprender la mente.*

Poder sensorial Poder interno situado en el centro de los órganos sensoriales, cuya función es producir directamente una percepción sensorial. Hay cinco poderes sensoriales, uno para cada una de las cinco percepciones sensoriales –la visual, la auditiva, etcétera.–. Véase *Cómo comprender la mente.*

Poder sobrenatural Véase CLARIVIDENCIA.

Protector del Dharma Emanación de un Buda o Bodhisatva cuya función principal es eliminar los obstáculos internos y externos que impiden a los practicantes de Dharma alcanzar realizaciones espirituales y reunir las condiciones necesarias para su adiestramiento espiritual. En sánscrito se denomina *Dharmapala*. Véase *Gema del corazón.*

Refugio La verdadera protección del sufrimiento. Refugiarnos en las Tres Joyas –Buda, Dharma y Sangha– significa tener fe y confiar en ellas para protegernos de todos nuestros temores y sufrimientos. Véanse *Budismo moderno, El camino gozoso de buena fortuna* y *Tesoro de contemplación.*

Reino de la forma Lugar donde habitan los dioses que poseen forma

Reino del deseo Lugar donde habitan los seres de los infiernos, espíritus ávidos, animales, humanos, semidioses y los dioses que disfrutan de los cinco objetos de deseo.

Reino inmaterial Lugar donde habitan los dioses que carecen de forma.

Reinos inferiores Véase SAMSARA.

Renuncia Deseo de liberarse del samsara. Véase *El camino gozoso de buena fortuna.*

Retentiva mental / Memoria Factor mental cuya función es no olvidar el objeto realizado por la mente primaria. Véanse *Cómo comprender la mente, La luz clara del gozo* y *Tesoro de contemplación.*

Retiro de aproximación Aislamiento en el cual tratamos de acercarnos a una Deidad en particular. Puede entenderse de dos modos: acercarnos en el sentido de establecer una relación especial con la Deidad y en el sentido de que creamos las causas para convertirnos en ella. Un retiro de aproximación de acciones es un retiro de aproximación en el que recitamos un cierto número de mantras y terminamos realizando una puyha de fuego. Véanse *Caminos y planos tántricos, Esencia del vajrayana, Gema del corazón* y *Nueva guía del Paraíso de las Dakinis.*

Sabiduría Mente virtuosa e inteligente gracias a la cual la mente primaria realiza su objeto de manera perfecta. La sabiduría es un camino espiritual que libera nuestra mente de las perturbaciones mentales y de sus impresiones. Un ejemplo de sabiduría es la visión correcta de la vacuidad. Véanse *Cómo comprender la mente, Nuevo corazón de la sabiduría* y *Océano de néctar*.

Sadhana Oración ritual que es un método especial para alcanzar realizaciones espirituales y normalmente está asociado a una Deidad tántrica.

Sakya Pandita (1182-1251) Gran erudito y meditador tibetano al que se le considera una emanación de Manyhushri.

Samsara El ciclo de muertes y renacimientos sin control o los agregados contaminados de un ser que renace de tal forma. El samsara o existencia cíclica se caracteriza por el sufrimiento y la insatisfacción. En el samsara hay seis reinos de existencia. En orden ascendente, según la clase de karma que causa el renacimiento en cada uno de ellos, son: el reino de los infiernos, el de los espíritus ávidos, el de los animales, el de los humanos, el de los semidioses y el de los dioses. Los tres primeros constituyen los reinos inferiores o renacimientos desafortunados, y los otros tres, los reinos superiores o renacimientos afortunados. Aunque desde el punto de vista del karma que causa estos renacimientos el reino de los dioses es el más elevado en el samsara, se dice que el reino humano es el más afortunado porque proporciona las mejores condiciones para alcanzar la liberación y la iluminación. Véase *El camino gozoso de buena fortuna*.

Señor de la Muerte Aunque el mara –demonio– de la muerte sin control no es un ser sintiente, se suele personificar como el Señor de la Muerte o *Yama* en sánscrito. El Señor de la Muerte aparece en el diagrama de la rueda de la vida agarrando la rueda entre sus garras y dientes. Véase *El camino gozoso de buena fortuna*.

Ser de Compromiso Un Buda visualizado o uno mismo generado como un Buda. Se denomina de esta manera porque, en general, el budista tiene el compromiso de visualizar o recordar a Buda y, en particular, el practicante que ha recibido una iniciación del tantra del yoga supremo tiene el compromiso de generarse como la Deidad correspondiente.

Ser de Sabiduría Un Buda, en particular el que se invita en una invocación para fundirse con el Buda visualizado o Ser de Compromiso.

Ser ordinario Aquel que no ha realizado directamente la vacuidad.

Ser sintiente Ser cuya mente está contaminada por las perturbaciones mentales o sus impresiones. El término *ser sintiente* se utiliza para distinguir a aquellos seres cuyas mentes están ofuscadas por cualquiera de las dos obstrucciones, de los Budas, cuyas mentes están libres por completo de ellas.

Ser Superior *Arya* en sánscrito. Aquel que posee una realización directa de la vacuidad. Hay Seres Superiores hinayanas y mahayanas.

Shantideva (687-763) Gran erudito budista indio y maestro de meditación, autor de la *Guía de las obras del Bodhisatva*. Véanse *Guía de las obras del Bodhisatva* y *Tesoro de contemplación*.

Sílaba semilla Sílaba sagrada a partir de la cual se genera una Deidad. Cada Deidad tiene su sílaba semilla particular. Por ejemplo, la de Manyhushri es DHI, la de Tara es TAM, la de Vajrayoguini es BAM y la de Heruka es HUM. Para alcanzar realizaciones tántricas debemos reconocer que las Deidades y sus sílabas semillas tienen la misma naturaleza.

Sutra Las enseñanzas de Buda que pueden practicarse sin necesidad de haber recibido una iniciación. Incluyen las instrucciones que Buda enseñó durante los tres giros de la rueda del Dharma.

Sutras de la perfección de la sabiduría Sutras que Buda enseñó durante el segundo giro de la rueda del Dharma en los que se revela su visión final acerca de la naturaleza última de todos los fenómenos –la vacuidad de existencia inherente–. Véanse *Nuevo corazón de la sabiduría* y *Océano de néctar*.

Tantra del yoga supremo Instrucción tántrica que contiene el método para transformar la experiencia del gozo sexual en el camino espiritual. Véanse *Budismo moderno* y *Caminos y planos tántricos*.

Tiempo sin principio Según la visión budista del mundo, la mente no tiene principio y, por lo tanto, el tiempo tampoco lo tiene. De ello se deduce que todos los seres sintientes han renacido innumerables veces.

Tierra de Buda El entorno puro de un Buda.

Tierra / Paraíso de las Dakinis La tierra pura de Heruka y Vajrayoguini. En sánscrito se denomina *Keajra*, y en tibetano, *Dagpa Khacho*. Véase *Nueva guía del Paraíso de las Dakinis*.

Tierra pura Entorno puro donde no hay sufrimientos verdaderos. Existen numerosas tierras puras. Por ejemplo, Tushita es la tierra pura de Buda Maitreya, Sukhavati es la de Buda Amitabha y la Tierra de las Dakinis, o *Keajra*, es la de Buda Heruka y Buda Vajrayoguini. Véase *Una vida con significado, una muerte gozosa*.

Togden Yhampel Gyatso (1356-1428) Gran meditador tibetano al que Yhe Tsongkhapa transmitió el linaje oral de Ganden.

Tradición kadampa Tradición pura de budismo fundada por Atisha. A los seguidores de esta tradición anteriores a Yhe Tsongkhapa se los conoce como *antiguos kadampas*, y a los posteriores a él, como *nuevos kadampas*. Véanse también BUDISMO KADAMPA y KADAMPA.

Tres adiestramientos superiores El adiestramiento en la disciplina moral, la concentración y la sabiduría motivado por la renuncia o la bodhichita. Véase *El camino gozoso de buena fortuna*.

Tres Joyas Los tres objetos de refugio: la Joya del Buda, la Joya del Dharma y la Joya de la Sangha. Se denominan *Joyas* porque son difíciles de encontrar y tienen un gran valor. Véase *El camino gozoso de buena fortuna*.

Triyhang Rimpoché, Vajradhara (1901-1981) Gran lama tibetano del siglo XX, emanación de Buda Shakyamuni, Heruka, Atisha, Amitabha y Yhe Tsongkhapa. También se le conoce como *Kyabyhe Triyhang Rimpoché* y *Losang Yeshe*.

Tummo Véase FUEGO INTERNO.

Vacuidad La carencia de existencia inherente, la naturaleza última de todos los fenómenos. Véanse *Budismo moderno*, *Nuevo corazón de la sabiduría* y *Océano de néctar*.

Vajra Por lo general, esta palabra sánscrita significa 'indestructible como un diamante y poderoso como un rayo'. En el contexto del mantra secreto, puede hacer referencia a la 'indivisibilidad del método y la sabiduría', a la 'gran sabiduría omnisciente' o al 'gran gozo espontáneo'. Es también el nombre de un objeto ritual hecho de metal que se utiliza en prácticas del tantra. Véase *Caminos y planos tántricos*.

Vajra y campana Objeto ritual, similar a un cetro, que simboliza el gran gozo y campana que simboliza la vacuidad. Véanse *Caminos y planos tántricos* y *Nueva guía del Paraíso de las Dakinis*.

Vajradhara Fundador del tantra o vajrayana. Su continuo mental es el mismo que el de Buda Shakyamuni, pero presenta un aspecto diferente. Buda Shakyamuni aparece con el aspecto del Cuerpo de Emanación, y el Vencedor Vajradhara, con el del Cuerpo de Deleite. Él mismo dijo que en tiempos de degeneración aparecería como un Guía Espiritual bajo el aspecto de un ser ordinario. Véase *Gran tesoro de méritos*.

Vajrayoguini Deidad femenina del tantra del yoga supremo que personifica la sabiduría de todos los Budas. Su naturaleza es la misma que la de Heruka. Véase *Nueva guía del Paraíso de las Dakinis*.

Vencedor Solitario Una clase de practicante hinayana. También recibe el nombre de *Realizador Solitario*. Los que forman parte del campo de méritos son emanaciones de Buda.

Verdad convencional Todos los fenómenos excepto la vacuidad. Las verdades convencionales son verdades para la mente de los seres ordinarios, pero en realidad son falsas. Véanse *Budismo moderno, Nuevo corazón de la sabiduría, Tesoro de contemplación* y *Océano de néctar*.

Verdad última La naturaleza última de todos los fenómenos –la vacuidad–. Véanse *Budismo moderno, Nuevo corazón de la sabiduría, Tesoro de contemplación* y *Océano de néctar*.

Voto Promesa de abstenerse de cometer determinadas acciones. Hay tres clases de votos: los pratimoksha o de liberación individual, los del Bodhisatva y los del mantra secreto o tántricos. Véanse *Caminos y planos tántricos* y *El voto del Bodhisatva*.

Yhe Phabongkhapa (1878-1941) Gran lama tibetano, emanación de Heruka. Sostenedor de numerosos linajes de sutra y mantra secreto, y Guru raíz de Vajradhara Triyhang Rimpoché. Se lo conoce también como *Phabongkha Trinley Gyatso*.

Yhe Tsongkhapa (1357-1419) Emanación del Buda de la Sabiduría, Manyhushri, que tal y como predijo Buda Shakyamuni, se manifestó como un monje en el Tíbet en el siglo XIV y fue el sostenedor del linaje de la visión y de las obras puras. Difundió un Budadharma de gran pureza por todo el Tíbet, que muestra cómo combinar las prácticas del sutra y del tantra y cómo practicar el Dharma puro en tiempos de degeneración. Posteriormente su tradición se conoció como *tradición ganden* o *guelug*. Véanse *Gema del corazón* y *Gran tesoro de méritos*.

Yidam Véase DEIDAD.

Yoga Término utilizado para referirse a ciertas prácticas espirituales en las que se mantiene una visión especial, como el yoga del Guru y los yogas del dormir, despertar y experimentar néctar. *Yoga* también significa 'unión', como la unión de la permanencia apacible y la visión superior.

Yoga del Guru Método especial para confiar en el Guía Espiritual y recibir sus bendiciones. Véanse *El camino gozoso de buena fortuna, Gema del corazón* y *Gran tesoro de méritos*.

Yogui o yoguini Palabra sánscrita en masculino y femenino, respectivamente, que se utiliza, por lo general, para referirse al meditador que ha alcanzado la unión de la permanencia apacible y la visión superior.

Lecturas recomendadas

El venerable Gueshe Kelsang Gyatso Rimpoché es un gran maestro de meditación e ilustre erudito de la tradición de budismo mahayana fundada por Yhe Tsongkhapa. Desde que llegó al Occidente en 1977, el venerable Gueshe Kelsang ha trabajado de manera infatigable para establecer el Budadharma puro por todo el mundo. Durante este tiempo ha impartido extensas enseñanzas sobre las principales escrituras mahayanas. Estas enseñanzas se han publicado en inglés y traducido a numerosas lenguas y constituyen una exposición completa de las prácticas esenciales del sutra y el tantra del budismo mahayana.

Libros

Títulos disponibles publicados por Editorial Tharpa:

Budismo moderno El camino de la compasión y la sabiduría.

Caminos y planos tántricos Cómo entrar en el camino vajrayana, recorrerlo y completarlo.

Cómo comprender la mente La naturaleza y el poder de la mente.

Cómo solucionar nuestros problemas humanos Las cuatro nobles verdades.

Compasión universal Soluciones inspiradoras para tiempos difíciles.

El camino gozoso de buena fortuna El sendero budista completo hacia la iluminación.

El voto del Bodhisatva Guía práctica para ayudar a los demás.

Esencia del vajrayana La práctica del tantra del yoga supremo del mandala corporal de Heruka.

Gema del corazón Las prácticas esenciales del budismo kadampa.

Guía de las obras del Bodhisatva Cómo disfrutar de una vida altruista y llena de significado. Traducción de la célebre obra maestra de Shantideva.

Introducción al budismo Una presentación del modo de vida budista.

Las instrucciones orales del Mahamudra La esencia de las enseñanzas de Buda sobre el sutra y el tantra.

Mahamudra del tantra Néctar supremo de la gema del corazón.

Nueva guía del Paraíso de las Dakin**is** La práctica del tantra del yoga supremo de Buda Vajrayoguini.

Nuevo corazón de la sabiduría Profundas enseñanzas del corazón de Buda (una exposición del *Sutra del corazón*).

Nuevo manual de meditación Meditaciones para una vida feliz y llena de significado.

Ocho pasos hacia la felicidad El modo budista de amar.

Tesoro de contemplación El modo de vida del Bodhisatva.

Transforma tu vida Un viaje gozoso.

Una vida con significado, una muerte gozosa La profunda práctica de la transferencia de consciencia.

En proceso de traducción

Gran tesoro de méritos Cómo confiar en el Guía Espiritual.

La luz clara del gozo Manual de meditación tántrica.

Océano de néctar La verdadera naturaleza de todos los fenómenos.

Sadhanas y otros textos

Gueshe Kelsang Rimpoché ha supervisado personalmente la traducción de una colección esencial de sadhanas y otros textos.

1. ***Adiestramiento de la mente en ocho estrofas*** Texto raíz del adiestramiento de la mente.

2. ***Asamblea de buena fortuna*** Práctica del tsog del mandala corporal de Heruka.
3. ***Ceremonia de poua*** Transferencia de consciencia para los difuntos.
4. ***Ceremonia del refugio mahayana y Ceremonia del voto del Bodhisatva*** Ceremonias rituales para acumular méritos para el beneficio de todos los seres.
5. ***Cientos de Deidades de la Tierra Gozosa según el tantra del yoga supremo*** El yoga del Guru Yhe Tsongkhapa como práctica preliminar del Mahamudra.
6. ***Cómo rellenar y bendecir estatuas*** Instrucciones para rellenar y bendecir las estatuas de Budas.
7. ***Confesión de las caídas morales del Bodhisatva*** Práctica de purificación del *Sutra mahayana de los tres cúmulos superiores.*
8. ***Destreza para enseñar*** Programa especial de formación de maestros de budismo kadampa.
9. ***El budismo kadampa en la actualidad***
10. ***El camino de la compasión para el difunto*** Sadhana de poua por el beneficio del difunto.
11. ***El camino de la compasión para el moribundo*** Sadhana de poua por el beneficio del moribundo.
12. ***El camino gozoso*** Sadhana concisa de la autogeneración como Vajrayoguini.
13. ***El camino hacia la tierra pura*** Sadhana para el adiestramiento en la práctica de poua.
14. ***El camino rápido al gran gozo*** Sadhana para realizar la autogeneración como Vajrayoguini.
15. ***El cielo de Keajra*** Comentario esencial a la práctica de *El yoga inconcebible extraordinario.*
16. ***El melodioso tambor que vence en todas las direcciones*** El ritual extenso de cumplimiento y renovación de nuestro compromiso con el Protector del Dharma, el gran rey Doryhe Shugden, junto con Mahakala, Kalarupa, Kalindevi y otros Protectores del Dharma.

17. ***El modo de vida kadampa*** Prácticas esenciales del Lamrim kadam: Consejos de corazón de Atisha y Los tres aspectos principales del camino de Yhe Tsongkhapa.
18. ***El Tantra raíz de Heruka y Vajrayoguini*** Capítulos uno y cincuenta y uno del *Tantra raíz conciso de Heruka.*
19. ***El yoga de Arya Tara, la Madre Iluminada*** Sadhana de autogeneración.
20. ***El yoga de Avalokiteshvara de mil brazos*** Sadhana de autogeneración.
21. ***El yoga de Buda Amitayus*** Método especial para lograr longevidad e incrementar méritos y sabiduría.
22. ***El yoga de Buda Heruka*** Sadhana esencial de la autogeneración del mandala corporal de Heruka y yoga conciso de las seis sesiones.
23. ***El yoga de Buda Maitreya*** Sadhana de autogeneración.
24. ***El yoga de Buda Vajrapani*** Sadhana de autogeneración.
25. ***El yoga de la Gran Madre Prajnaparamita*** Sadhana de autogeneración.
26. ***El yoga de Tara Blanca, el Buda de Larga Vida*** Práctica con Tara Blanca, Deidad femenina iluminada para obtener larga vida, sabiduría y buena fortuna.
27. ***El yoga inconcebible extraordinario*** Instrucción especial para alcanzar la tierra pura de Keajra con el presente cuerpo humano.
28. ***Esencia de buena fortuna*** Oraciones de las seis prácticas preparatorias para la meditación de las etapas del camino hacia la iluminación.
29. ***Esencia del vajrayana*** Sadhana de autogeneración del mandala corporal de Heruka según el sistema del *Mahasidha* Ghantapa.
30. ***Esencia del vajrayana concisa*** Sadhana concisa de la autogeneración del mandala corporal de Heruka.
31. ***Gema del corazón*** Yoga del Guru Yhe Tsongkhapa en combinación con la sadhana abreviada del Protector Doryhe Shugden.

32. ***Gota de esencia de néctar*** Práctica especial de ayuno y práctica de purificación con Buda Avalokiteshvara de once rostros.
33. ***Joya preliminar para el retiro del mandala corporal de Heruka***
34. ***La fiesta del gran gozo*** Sadhana para realizar la autoiniciación de Vajrayoguini.
35. ***La gema que colma todos los deseos*** Práctica del yoga del Guru Yhe Tsongkhapa en combinación con la sadhana mediana del Protector Doryhe Shugden.
36. ***La gran liberación de la Madre*** Oraciones preliminares para la meditación del Mahamudra en combinación con la práctica de Vajrayoguini.
37. ***La gran liberación del Padre*** Oraciones preliminares para la meditación del Mahamudra en combinación con la práctica de Heruka.
38. ***La Gran Madre*** Método para eliminar obstáculos e interferencias con la recitación del *Sutra de la esencia de la sabiduría* (*Sutra del corazón*).
39. ***La guía*** Guía práctica para presentar las enseñanzas del Dharma kadam en áreas urbanas.
40. ***La joya preliminar*** Preliminares concisas para el retiro de Vajrayoguini.
41. ***La nueva esencia del vajrayana*** Práctica de autogeneración del mandala corporal de Heruka, una instrucción del linaje oral de Ganden.
42. ***Liberación del dolor*** Alabanzas y súplicas a las veintiuna Taras.
43. ***Los votos y compromisos del budismo kadampa***
44. ***Manual para la práctica diaria de los votos del Bodhisatva y los votos tántricos***
45. ***Meditación y recitación del Vajrasatva Solitario*** Práctica de purificación.
46. ***Nuevo manual de ordenación*** Nuevo manual de ordenación de la tradición kadampa.

47. *Ofrenda al Guía Espiritual (Lama Chopa)* Un modo especial de confiar en el Guía Espiritual.
48. *Oración del Buda de la Medicina* Un método para beneficiar a los demás.
49. *Oraciones para meditar* Breves oraciones preparatorias para la meditación.
50. *Oraciones por la paz en el mundo*
51. *Oraciones sinceras* Funeral para cremaciones y entierros.
52. *Poua concisa*
53. *Práctica concisa de Buda Amitayus*
54. *Preliminares para el retiro de Vajrayoguini*
55. *Rey del Dharma* Método para realizar la autogeneración como Yhe Tsongkhapa.
56. *Sadhana de Avalokiteshvara* Oraciones y súplicas al Buda de la Compasión.
57. *Sadhana de Samayavajra*
58. *Sadhana del Buda de la Medicina* Un método para alcanzar las realizaciones del Buda de la Medicina.
59. *Sadhana de la ofrenda de fuego de Vajradaka* Práctica para purificar las faltas e impurezas.
60. *Sadhana de la ofrenda de fuego de Vajrayoguini*
61. *Sadhana de la ofrenda de fuego del mandala corporal de Heruka*
62. *Súplica al sagrado Guía Espiritual venerable Gueshe Kelsang Gyatso de sus fieles discípulos*
63. *Tesoro de sabiduría* Sadhana del venerable Manyhushri.
64. *Un viaje gozoso* Cómo realizar el retiro de aproximación del mandala corporal de Heruka.
65. *Una vida pura* Práctica para recibir y mantener los ocho preceptos mahayanas.
66. *Unión de No Más Aprendizaje* Sadhana de la autoiniciación del mandala corporal de Heruka.
67. *Yoga de la Dakini* Seis sesiones del yoga del Guru en combinación con la autogeneración de Vajrayoguini.

68. ***Yoga del Héroe Vajra*** Práctica breve de la autogeneración del mandala corporal de Heruka.

Para realizar un pedido de estas publicaciones o solicitar un catálogo, visite www.tharpa.com o póngase en contacto con la oficina de Editorial Tharpa más próxima (véase el listado de oficinas en la página 309).

NKT-IKBU

Programas de estudio de budismo kadampa

El budismo kadampa es una escuela de budismo mahayana fundada por el gran maestro indio Atisha (982-1054). Sus seguidores se conocen con el nombre de *kadampas*. *Ka* significa 'palabra' y se refiere a las enseñanzas de Buda, y *dam*, a las instrucciones especiales del Lamrim, las etapas del camino hacia la iluminación, que Atisha enseñó. Los budistas kadampas integran su conocimiento de todas las enseñanzas de Buda en su práctica del Lamrim, que aplican en la vida diaria, y de este modo las utilizan como métodos prácticos para transformar sus actividades en el camino hacia la iluminación. Los grandes maestros kadampas son famosos, no solo por su gran erudición, sino también por su inmensa pureza y sinceridad espiritual.

El linaje de estas enseñanzas, tanto la transmisión oral de las instrucciones como sus bendiciones, fue transmitido de maestro a discípulo y se difundió primero por gran parte del continente asiático y en la actualidad por muchos países del mundo moderno. Las enseñanzas de Buda reciben el nombre de *Dharma* y se dice que son como una rueda que se traslada de un lugar a otro según cambian las condiciones e inclinaciones kármicas de sus habitantes. La presentación externa del budismo puede cambiar para adaptarse a las diversas culturas y sociedades, pero su verdadera esencia permanece intacta gracias al linaje ininterrumpido de practicantes realizados.

El budismo kadampa fue introducido en Occidente por el venerable Gueshe Kelsang Gyatso Rimpoché en 1977. Desde entonces, este maestro budista ha trabajado de manera infatigable para difundir este precioso Dharma por todo el mundo, ha impartido enseñanzas, escrito profundos libros y comentarios sobre budismo kadampa y fundado la Nueva Tradición Kadampa – Unión Internacional de Budismo Kadampa (NKT – IKBU), que ya cuenta con más de mil centros de budismo kadampa por todo el mundo. En cada centro se ofrecen programas de estudio sobre psicología y filosofía budista, instrucciones para la meditación y retiros para practicantes de todos los niveles. En ellos se enseña principalmente cómo integrar las enseñanzas de Buda en la vida diaria para resolver nuestros problemas humanos y difundir la paz y la felicidad por todo el mundo.

El budismo kadampa de la NKT–IKBU es una tradición budista independiente que no tiene vinculación política alguna. Es una asociación de centros y practicantes budistas que se guían e inspiran a través del ejemplo de los maestros kadampas de antaño y sus enseñanzas, tal y como las presenta el venerable Gueshe Kelsang.

Hay tres razones por las que debemos estudiar y practicar las enseñanzas de Buda: para desarrollar nuestra sabiduría, cultivar un buen corazón y mantener paz mental. Si no nos esforzamos por desarrollar nuestra sabiduría, nunca conoceremos la verdad última, la verdadera naturaleza de la realidad. Aunque deseamos ser felices, ofuscados por la ignorancia cometemos todo tipo de acciones perjudiciales, que constituyen la causa principal de nuestro sufrimiento. Si no cultivamos un buen corazón, nuestra motivación egoísta destruirá nuestras buenas relaciones y la armonía con los demás. No encontraremos paz ni verdadera felicidad. Sin paz interior, la paz externa es imposible. Sin paz mental no podemos ser felices aunque dispongamos de las mejores condiciones externas. En cambio, cuando disfrutamos de paz mental, somos felices aunque las circunstancias que nos rodeen sean adversas. Por lo tanto, es evidente que debemos cultivar estas cualidades para ser felices.

Gueshe Kelsang Gyatso o *Gueshela*, como lo llaman afectuosamente sus estudiantes, ha diseñado tres programas espirituales especiales para el estudio estructurado y la práctica del budismo kadampa adaptados a la sociedad actual: el Programa General (PG), el Programa Fundamental (PF) y el Programa de Formación de Maestros (PFM).

PROGRAMA GENERAL

El **Programa General** ofrece una introducción básica a la visión, meditación y práctica budistas y es ideal para principiantes. Incluye también enseñanzas y prácticas avanzadas, tanto de sutra como de tantra.

PROGRAMA FUNDAMENTAL

El **Programa Fundamental** va dirigido a aquellos que desean profundizar en su comprensión y experiencia del budismo y consiste en el estudio estructurado de los seis textos siguientes:

1. *El camino gozoso de buena fortuna,* comentario a las instrucciones del Lamrim de Atisha conocidas como *Etapas del camino hacia la iluminación.*
2. *Compasión universal,* comentario al *Adiestramiento de la mente en siete puntos,* del Bodhisatva Chekaua.
3. *Ocho pasos hacia la felicidad,* comentario al *Adiestramiento de la mente en ocho estrofas,* del Bodhisatva Langri Tangpa.
4. *Nuevo corazón de la sabiduría,* comentario al *Sutra del corazón.*
5. *Tesoro de contemplación,* comentario a la *Guía de las obras del Bodhisatva,* del Bodhisatva Shantideva.
6. *Cómo comprender la mente,* exposición detallada de la mente según los textos de los eruditos budistas Dharmakirti y Dignaga.

El estudio de estas obras nos aporta numerosos beneficios, que se resumen a continuación:

1) *El camino gozoso de buena fortuna:*
Nos enseña a poner en práctica todas las enseñanzas de Buda, tanto de sutra como de tantra. Si lo estudiamos y practicamos, progresaremos con facilidad y completaremos las etapas del camino hacia la felicidad suprema de la iluminación. Desde un punto de vista práctico, el Lamrim constituye el cuerpo principal de las enseñanzas de Buda, mientras que sus otras instrucciones son como los miembros.

2) y 3) *Compasión universal y Ocho pasos hacia la felicidad*:
Estas obras nos muestran cómo integrar las enseñanzas de Buda en la vida diaria y a resolver todos nuestros problemas humanos.

4) *Nuevo corazón de la sabiduría*:
Nos muestra cómo alcanzar la realización de la naturaleza última de la realidad, con la que podemos eliminar la mente ignorante de aferramiento propio, la raíz de todo nuestro sufrimiento.

5) *Tesoro de contemplación*:
Con esta obra aprendemos a transformar nuestras actividades diarias en el camino y modo de vida del Bodhisatva, llenando de significado cada momento de nuestra vida.

6) *Cómo comprender la mente*:
En este texto se expone la relación entre nuestra mente y los objetos externos. Si comprendemos que los objetos dependen de la mente subjetiva, podremos cambiar la manera en que los percibimos transformando nuestra mente. Poco a poco adquiriremos la habilidad de controlar la mente y así podremos resolver todos nuestros problemas.

PROGRAMA DE FORMACIÓN DE MAESTROS BUDISTAS

El **Programa de Formación de Maestros Budistas** atiende a las necesidades de los que desean convertirse en auténticos maestros de Dharma. En este programa se estudian catorce textos de sutra y de tantra, incluidos los seis ya mencionados, y además los participantes deben mantener determinadas pautas de comportamiento y modo de vida, y completar varios retiros de meditación.

En el KMC de Londres se imparte el **Programa Especial de Formación de Maestros Budistas**, que puede cursarse en el propio centro o también por correspondencia. Este programa especial de meditación y estudio, de tres años de duración, comprende seis cursos que están basados en los libros del venerable Gueshe Kelsang: *Cómo comprender la mente*, *Budismo moderno*, *Nuevo corazón de la sabiduría*, *Caminos y planos tántricos*, *Guía de las obras del Bodhisatva*, de Shantideva y su comentario *Tesoro de contemplación*, y *Océano de néctar*.

Todos los centros de budismo kadampa están abiertos al público. Cada año se celebran festivales en diversos países, incluidos dos en Inglaterra, a los que acuden personas de todo el mundo para recibir enseñanzas e iniciaciones y disfrutar de vacaciones espirituales. Puede visitarnos cuando lo desee.

Si desea más información sobre los programas de estudio de la NKT – IKBU o buscar el centro más cercano, puede visitar el sitio web www.kadampa.org/es o dirigirse a:

CENTROS DE BUDISMO KADAMPA

EN ESPAÑA:

Albacete: Centro Budista Kadampa Sukhavati
C/ Pedro Coca 15
02004 (Albacete), España
Tel.: (+34) 967 613186 / 626023332
info@meditaenalbacete.org
www.meditaenalbacete.org

Barcelona: Mahakaruna KMC Barcelona – Centro de Meditación Kadampa
C/ Girona, 102
08009 Barcelona, España
Tel.: (+34) 93 4950851
info@meditacionenbarcelona.org
www.meditacionenbarcelona.org

Barcelona – Montserrat: Mahakaruna KMC Barcelona – Centro de Meditación Kadampa
Masía Ca l'Esteve
Urb. Ca l'Esteve 129 B
08253 Sant Salvador de Guardiola (Barcelona), España
Coordenadas: 41° 39′ 31,1″ N - 10° 45′ 29,9″ E
Tel.: (+34) 93 8358077
info@meditacionenbarcelona.org
www.meditacionenbarcelona.org

Cádiz: Centro Budista Kadampa Lochana
C/ Siervas de María 4
11401 Jerez de la Frontera (Cádiz), España
Tel.: (+34) 856 158469
info@meditaencadiz.org
www.meditaencadiz.org

Castellón de la Plana: Centro Budista Kadampa Naropa
C/ Ramón y Cajal 12, bajo
12002 Castellón de la Plana, España
Tel.: (+34) 603 516594
info@naropa.org
www.naropa.org

Girona: Centro Budista Kadampa de Girona
Carrer de la Barca, 15
17004 Girona, España
Tel.: (+34) 93 8358077
info@meditacioagirona.org
www.meditacioagirona.org

Guipúzcoa: Centro Budista Kadampa Maitreya
C/ Moraza 18
20006 Donostia - San Sebastián, España
Tel.: (+34) 637 459664
info@meditaeneuskadi.org
www.meditaeneuskadi.org

Granada: Centro Budista Kadampa Tara
Pasaje Cruz de Mayo 2, local 3
18014 Granada, España
Tel.: (+34) 958 563325 / 664 484845
meditacionengranada@yahoo.com
www.meditaengranada.org

Madrid: Vajrayana KMC Madrid – Centro de Meditación Kadampa
C/ Manuela Malasaña, 26
28004 Madrid, España
Tel.: (+34) 91 7557535

info@meditaenmadrid.org
www.meditaenmadrid.org

Madrid – Majadahonda: Vajrayana KMC Madrid – Centro de Meditación Kadampa
C/ La Fábrica 8
28221 Majadahonda (Madrid), España
Tel.: (+34) 91 6362091
info@meditaenmadrid.org
www.meditaenmadrid.org

Málaga: Centro de Meditación Kadampa de España
Camino Fuente del Perro s/n
29120 Alhaurín el Grande (Málaga), España
Tel.: (+34) 952 490918
info@meditaenmalaga.org
www.meditaenmalaga.org

Menorca: Centro Internacional de Retiro Dharma Kadam
Apartado de correos 187
07730 Alaior (Menorca), España
Tel.: (+34) 971 091038
centrodharmakadam@gmail.com
www.meditaenmenorca.org

Murcia: Centro Budista Kadampa Sugata
C/ Compositor Agustín Lara 5, bajo
(detrás del Hospital Morales Meseguer)
30008 Vista Alegre (Murcia), España
Tel.: (+34) 968 232984 / 644 346845
info@meditacionenmurcia.org
www.meditacionenmurcia.org

Palma de Mallorca: Centro Budista Kadampa Potala
C/ Quetglas 23, esquina C/ Monterrey
07013 Palma de Mallorca (Baleares), España
Tel.: (+34) 663 823303
potala@meditaramallorca.org
www.meditaramallorca.org

Santa Cruz de Tenerife: Centro Budista Kadampa Aryadeva
C/ Heraclio Sánchez 23, Edificio Galaxia, entrada 5, local 21D
38204 San Cristóbal de La Laguna (Santa Cruz de Tenerife), España
Tel.: (+34) 922 260101 / 656 593573
meditaentenerife@gmail.com
www.meditaentenerife.org

Sevilla: Centro Budista Kadampa Mahamudra
C/ Almez 2
41111 Almensilla (Sevilla), España
Tel.: (+34) 955 779090
epc@meditaensevilla.org
www.meditaensevilla.org

Valencia: Centro Budista Kadampa Duldzin
C/ Navarra, nº 7, bajo derecha.
46008 Valencia, España
Tel: (+34) 673 602623
info@meditaenvalencia.org
www.meditaenvalencia.org

Valladolid: Centro Budista Kadampa de Valladolid
Plaza del Portugalete, 4
47002 Valladolid, España
Tel: (+34) 91 6362091
info@meditaenvalladolid.org
www.meditaenvalladolid.org

Zaragoza: Centro Budista Kadampa de Zaragoza
C/ Cánovas, 13
50004 Zaragoza, España
Tel.: (+34) 93 8358077
info@meditarenzaragoza.es
www.meditarenzaragoza.es

EN MÉXICO:

Ciudad de México: Centro de Meditación Kadampa de México A.R.
Enrique Rébsamen #406, Col. Narvarte Poniente
C.P. 03020, México D.F., México
Tels.: (+52/01) 55 56 39 61 80/86
info@kadampamexico.org
www.kadampamexico.org

Ciudad de México: Centro de Meditación Kadampa de México A.R.
Jalapa No. 113, casi esq. con Álvaro Obregón,
Col. Roma Norte Tel. 5264 – 3147
templo@kadampamexico.org
www.templokadampamexico.org

Cuernavaca, Morelos: Centro Budista Kadampa Shakyamuni
Antinea 74-B, Col. Delicias,
C.P. 62330
Tel.: (+52) 55 777 3178300

Estado de México: Centro Budista Kadampa Avalokiteshvara
Av. Convento de Acolman No. 40 Sur
Jardines de Sta. Mónica, Edo. de México
C.P. 54050
Tel.: (+52) 55 5572 9721

Guadalajara: Centro de Meditación Kadampa de Guadalajara
Avenida Miguel Hidalgo #1220 esquina con Ghilardi, Colonia Americana
C.P. 41160, Guadalajara, Jalisco, México
Tel: (+52) 33 3825 6136
info@meditarenguadalajara.org
www.meditarengdl.org

Mérida, Yucatán: Centro Budista Kadampa Compasión
Calle 13 #162 A
C.P. 97120, Mérida, México

Tel.: (+52) 999 927 18 75
kadampamerida@gmail.com
www.meditarenmerida.org

Monterrey, Nuevo León: Centro Budista Kadampa Vajradharma
Buenos Aires #150, Col. Alta Vista (Zona Tec)
C.P. 64840 Monterrey, N.L., México
Tel: (+52) 81 83 59 28 03
info@meditarenmonterrey.org
www.meditarenmonterrey.org

Pachuca, Hgo: Centro Budista Kadampa Yhe Tsongkhapa
Calle Hidalgo No. 104 Interior 1 Col.Centro
C.P. 42000, Pachuca, Hidalgo
Tel.: (+52) 55 771 7154036

Querétaro, Querétaro: Centro Budista Kadampa Sukhavati
Chopo 10, Col. Álamos, 2a. secc.
C.P. 76160 Querétaro, Querétaro, México
Tel.: (+52) 01 442 214 13 38
info@meditacionkadampaenqueretaro.org
www.meditacionkadampaenqueretaro.org

San Cristóbal de las Casas, Chiapas: Centro Budista Kadampa Drolma
María Adelina Flores 24a
Col. Centro, San Cristóbal de Las Casas
C.P. 029200 Chiapas, México
Tel.: (+52/01) 96 76 31 60 52
drolmaepc@meditarensancristobal.org
www.meditarensancristobal.org

Tuxtla Gutiérrez, Chiapas: Centro Budista Kadampa Menlha
9a Poniente Sur, #724 (entre 6a y 7a Sur), Barrio Las Canoitas
C.P. 29000 Tuxtla Gutiérrez, Chiapas, México
Tel.: (+52) 96 16 00 00 89
contacto@meditaentuxtla.org
www.meditaentuxtla.org

EN ARGENTINA:

Buenos Aires: Centro de Meditación Kadampa Argentina
Serrano 1316, Palermo
C1414DFB Buenos Aires, Argentina
Tel. +54 (11) 4778-1219 / (15) 6149-5976
info@meditarenargentina.org
www.meditarenargentina.org

Córdoba: Centro de Budismo Kadampa
27 de abril 929 7- A, Alberdi
X5000AES Córdoba, Argentina
Tel. +54 (351) 15 250-8888
info@meditarencordoba.org
www.meditarencordoba.org

EN NICARAGUA:

Managua: Centro Budista Kadampa – Bodhichitta
Estatua de Montoya 1c. abajo 25v. al lago, casa No. 23
Managua
Tel.: (+505) 22 682541
infobodhichitani@gmail.com

EN EL REINO UNIDO:

Oficina de la NKT en el Reino Unido
Manjushri Kadampa Meditation Centre
Conishead Priory
Ulverston, Cumbria LA12 9QQ, Inglaterra
Tel.: +44 (0) 1229 584029
Fax: +44 (0) 1229 580080
info@kadampa.org
www.kadampa.org

EN LOS ESTADOS UNIDOS:

Oficina de la NKT en los Estados Unidos
Kadampa Meditation Center New York
47 Sweeney Road
Glen Spey
NY 12737, Estados Unidos de América
Tel.: +1 845-856-9000
Fax: +1 845-856-2110
info@kadampanewyork.org
www.kadampanewyork.org

Oficinas de Tharpa en el mundo

Los libros de Tharpa se publican en español, alemán, chino, francés, griego, inglés británico y estadounidense, italiano, japonés, portugués y vietnamita. En las oficinas de Tharpa podrá encontrar libros en estas lenguas.

Oficina en España
Editorial Tharpa España
Calle Manuela Malasaña, 26
28004 Madrid, España
Tel.: (+34) 91 7557535
info.es@tharpa.com
www.tharpa.com/es

Oficina en México
Enrique Rébsamen nº 406
Col. Narvarte Poniente,
C.P. 03020
México D.F., México
Tels.: (+52/01) 55 56 39 61 80/86
tharpa@kadampa.org.mx
www.tharpa.com/mx

Oficina en Alemania
Tharpa Verlag Deutschland,
Sommerswalde 8
16727 Oberkrämer, Alemania
Tel: +49 (0) 33055 222135
Fax : +49 (0) 33055 222139
info.de@tharpa.com
www.tharpa.com/de

Oficina en Asia
Tharpa Asia
Zhong Zheng E Rd, Sec 2,
Lane 143, Alley 10, No 7,
Tamsui District,
NEW TAIPEI CITY, 25159,
TAIWAN
Tel: +886-(02)-8809-4313
info.asia@tharpa.com
www.tharpa.com

Oficina en Australia
Tharpa Publications Australia
25 McCarthy Road (PO Box 63)
Monbulk, Vic 3793, Australia
Tel: +61 (3) 9752-0377
info.au@tharpa.com
www.tharpa.com/au

Oficina en Brasil
Editora Tharpa Brasil
Rua Fradique Coutinho 701
Vila Madalena 05416-011 São
Paulo - SP, Brasil
Tel/Fax: +55 (11) 3812 7509
info.br@tharpa.com
www.tharpa.com.br

Oficina en Canadá
Tharpa Publications Canada
631 Crawford St,
Toronto, ON, M6G 3K1,
Canadá
Tel: +1 (416) 762-8710
Fax: +1 (416) 762-2267
Toll-free: 866-523-2672
info.ca@tharpa.com
www.tharpa.com/ca

Oficina en los Estados Unidos de América
Tharpa Publications US
47 Sweeney Road
Glen Spey, NY 12737, Estados Unidos de América
Tel: +1 845-856-5102
Toll-free: 888-741-3475
Fax: +1 845-856-2110
info.us@tharpa.com
www.tharpa.com/us

Oficina en Francia
Editions Tharpa
Château de Segrais
72220 Saint-Mars-d'Outillé, Francia
Tel : +33 (0)2 43 87 71 02
Fax : +33 (0)2 76 01 34 10
info.fr@tharpa.com
www.tharpa.com/fr

Oficina en Japón
Tharpa Japan
Dai 5 Nakamura Kosan Biru #501
Shinmachi 1-29-16, Nishi-ku
Osaka, 550-0013, Japón
Tel : (+81) 665 327632
info.jp@tharpa.com
www.tharpa.com/jp

Oficina en el Reino Unido
Tharpa Publications UK
Conishead Priory
Ulverston
Cumbria, LA12 9QQ, Inglaterra
Tel: +44 (0)1229-588599
Fax: +44 (0)1229-483919
info.uk@tharpa.com
www.tharpa.com/uk

Oficina en Sudáfrica
Mahasiddha Kadampa Buddhist Centre
2 Hollings Road, Malvern
Durban 4093, Sudáfrica
Tel : (+27) 31 464 0984
info.za@tharpa.com
www.tharpa.com/za

Oficina en Suiza
Tharpa Verlag AG
Mirabellenstrasse 1
CH-8048 Zürich, Suiza
Tel: (+41) 44 401 02 20
Fax: (+41) 44 461 36 88
info.ch@tharpa.com
www.tharpa.com/ch

Índice analítico

La letra g indica que el término aparece en el glosario

B

D

E

F

G

N

T

U

Y